말투 하나 바꿨을 뿐인데

Original Japanese title: HITO WA「SHINRI 9 WARI」DE UGOKU

~OMOI NO MAMANI KOKORO WO UBAU「SHINRIGAKU NO HOUSOKU」

Copyright © 2016 Yoshihito Naito

Original Japanese edition published by Pal Publishing

Korean translation rights arranged with Pal Publishing through The English Agency (Japan) Ltd.

and Danny Hong Agency.

Korean translation copyright © 2017 by UKNOWBOOKS

일, 사랑, 관계가 술술 풀리는 40가지 심리 기술

말투하나
바꿨을 ”
나이토 요시히토 지음
김한나 옮김
“ # 뿐인데

유노
북스

말투 하나
바꿨을 뿐인데,
인생이 바뀐다!

인간의 마음은 이상하게도 사소한 말투의 차이에도 큰 영향을 받는다. 아주 작은 말투의 차이로 상대방의 부탁을 기꺼이 들어 주기도 하고, 왠지 모르게 반발하고 싶어지기도 한다.

미국 로욜라 대학교의 에드윈 그로스(E. J. Gross)는 시카고 시민에게 마케팅 조사라는 명목으로 볼펜과 연필을 보여 주며 "이 제품들을 얼마나 '좋아합니까?'"라고 질문했다. 그러자 36.1%가 좋아한다고 대답했다.

그는 다시 똑같은 제품을 보여 주며 "이 제품들을 얼마나 '싫어합니까?'"라고 질문했다. 그러자 좋아한다는 대답이 15.6%로 감소했다고 한다.

완전히 똑같은 제품에 대한 감상을 물을 때도 '어떤 점이 좋은 가?'라고 질문하면 '좋다'는 대답이 늘어나며, 반대로 '어떤 점이 싫은가?'라고 질문하면 '싫다'는 대답이 늘어난다.

말투를 아주 조금만 바꿔 보자.
그것만으로도 상대방을 행동하게 하거나, 행동하지 않게 할 수 있다.
이 책에서는 어떤 말투를 사용하면 상대방이 행동하고, 어떤 말투를 쓰면 상대방이 행동하지 않는지, 그 노하우를 소개한다.

사람은 심리로 움직인다. 그리고 심리는 말로 움직인다. 따라서 사람의 마음을 움직이는 심리 기술을 이해하고 말투를 조금만 바꾸면, 하고 있는 일이 더 잘 풀리고 인간관계가 극적으로 달라진다.
말을 잘 사용하면 돈을 벌 수 있고, 이성과 사이좋게 지낼 수 있으며, 행복한 결혼생활도 할 수 있다.

아무쪼록 독자 여러분이 이 책을 읽고 상대방을 움직이게 하는 마법의 말을 익히기 바란다.

'기술'은 사람을 움직인다.

누구든지 연습하면 자전거를 탈 수 있고, 바이올린을 연주할 수 있다.

그와 마찬가지로 아무리 말주변이 없는 사람이든, 아무리 내성적인 성격의 사람이든, 이 책을 읽으면 상대방을 움직이게 하는 기술을 익힐 수 있다고 보증한다.

부디 마지막까지 잘 읽어 주기 바란다.

심리학자
나이토 요시히토

차례

말투의 심리학 1장

어떻게 말하면
상대의 'Yes'를 이끌어 낼까

말투의 심리학 2장

어떻게 말하면
사랑받고 싶은 사람의 사랑을 받을까

66

말투의 심리학 4장

어떻게 말하면
상대를 바라는 대로 행동하게 할까

말투의 심리학 5장

어떻게 말하면
하는 일이 술술 잘 풀릴까

어떻게 말하면
상대의 'Yes'를
이끌어 낼까

'내' 의견을 말할 때는
'모두'를 끌어들여라

● 사회성의 법칙 ●

"다들 그렇다고 말했어."
"그런 말을 하면 모두에게 미움 받아."

"이번 주에 시작한 TV 드라마 봤어?"

"아니, 아직 못 봤는데."

"꼭 봐. 다들 첫 회부터 재밌다고 난리더라."

"그래? 그럼 나도 봐야겠네."

우리는 다른 사람이 추천하거나 칭찬하는 것은 깊이 생각해 보지도 않고 좋다고 믿어 버리는 경향이 있다.

'모든 사람이 그렇게 한다'고 하면 특별한 근거가 없어도 사람들의 마음이 움직인다.

'모두가 그 일에 동의한다'고 하면 자신만 반대하기가 힘들다.

여성이라면 누구나 아름다워지기 위해 열심히 노력한다. 남성은 알 수 없는 여러 가지 노력을 부단히 기울인다. 왜 그렇게 여성은 아름다워지기 위해서 열심히 노력할까?

그 이유는 '모든 여성이 하고 있기 때문'이다. 여성은 누구나 '여자는 아름다워야 한다'고 믿으며, 다른 여성이 아름다워지려고 노력하고 있다는 것을 알고 있다. 그래서 자신도 노력한다. 꼭 해야 할 것 같은 기분이 드는 것이다.

상대방을 움직이는 첫 번째 기술은 '사회적 규범'(모든 사람이 반드시 따라야 하는 사회적 규칙)을 제안해서 어필하는 방법이다. 이 기술을 사용하면 대부분의 경우 상대방이 내 말을 들어준다.

텍사스 대학교의 세나 가벤(S. Garven)은 어떤 주제에 대해서 단지 '당신은 어떻게 생각하는가?'라고 물어보면 고작 10퍼센트만 동의하지만, '모두가 그렇다고 하는데, 당신은 어떻게 생각하는가?'라고 질문하면 동의하는 사람의 비율이 약 50퍼센트까지 뛰어오르는 것을 실험적으로 확인했다.

'모두가 그렇게 생각한다'고 하면 사람은 그 말을 거스르지 못한다.

친구나 지인이 내 말을 듣게 하고 싶을 때는 사회적 규범에 호소하자. 그렇게 하면 상대방이 순순히 따를 확률이 한층 더 올라갈 것이다.

옷차림에 잘 신경 쓰지 않고 아무렇게나 하고 다니는 친구가 있다고 하자. 그 친구에게 "좀 단정하게 입는 게 어때?"라고 친절하게 말해 줘도 아마 그는 쓸데없는 참견이라고 느끼며 말을 듣지 않을 것이다. 자칫 잘못하면 그 친구와의 관계가 어색해질 수도 있다. 대신,

"면도를 안 하고 다니면 '모든 사람'에게 미움을 살 거야."
"복장이 지저분하면 '회사 사람 모두'가 싫어할 걸?"

'모두가 그렇게 생각한다'고 하면 사람은 그 말을 거스르기 힘들다.

이런 식으로 '모두'라는 말을 넣어서 호소하면 어떨까? 분명히 친구도 옷차림에 주의하게 될 가능성이 높아질 것이다.

'모두'를 기준으로 제시하는 방법은 매우 편리한 심리 기술이다. 자신의 의견으로만 설득하려고 하면 상대방에게 억지로 강요하는 듯한 인상을 줄 수가 있기 때문이다.

친구에게 '너는 옷차림을 단정히 해야 해'라고 조언하는 것은 친구에게 선의를 베푸는 친절한 행동이지만, 상대방은 그렇게 받아들이지 않을 수 있다. 자신에게 의견을 강요한다고 느낄 가능성이 있다.

그러므로 되도록 자신의 의견이라는 사실을 감추고 '모두'를 기준으로 제시하면 좋다. 정말로 '모두'가 그런 식으로 생각하는지 알 수 없더라도 일단 '모두가 그렇게 말한다'고 해 두는 것은 편리한 방법이라고 할 수 있겠다.

KEY POINT

자신의 의견을 억지로 강요하지 말고 어디까지나 '사회적 규범'이라고 이야기한다.

'1만 원'이 필요해도
'1천 원'부터 부탁하라

● 이븐 어 페니 테크닉 ●

"잠시만 부탁해도 될까?"
"10분만이라도 좋으니 도와줄 수 있어?"

친구에게 뭔가를 부탁할 때는 가급적 '사소한' 부탁부터 하자. 속으로는 큰 부탁을 하고 싶어도 일부러 '사소한' 부탁만 하는 것이 중요하다.

작은 부탁을 하면 상대방도 크게 부담스러워 하지 않는다. 즉, '받아들여도 되나?' 하고 판단하는 기준이 현저히 낮아져서 기꺼이 부탁을 들어준다.

이때 매우 신기한 현상이 일어난다.

자신은 '사소한' 부탁만 했는데, 상대방은 '그 이상의 호의'를 베풀어 주는 경우가 많다.

이를테면, 여러분이 누군가에게 "오늘 지갑을 집에 놓고 나왔는데 5천 원만 빌려 주지 않을래?"라고 부탁했다고 하자. 그러면 상대방은 5천 원에 그치지 않고 1만 원이나 2만 원쯤 빌려 준다. 이유는 잘 모르겠지만, '5천 원만 빌려 줘'라고 부탁하면 5천원 이상의 호의가 돌아온다.

이를 심리학에서는 '이븐 어 페니 테크닉(even a penny technique)'이라고 부른다.

'1페니(1파운드의 100분의 1 금액)라도 좋으니 돈을 빌려 달라'고 부탁하면 대부분의 경우에는 그보다 더 많은 돈을 빌려 준다는 의미다.

미국 애리조나 주립 대학교의 로버트 치알디니(Robert B. Cialdini)는 어느 중산층 주택지에서 84세대를 방문하며 "미국 암 협회에서 나왔는데, 협회를 위한 모금을 부탁합니다. 1페니라도 좋습니다"라고 부탁해 봤다.

그랬더니 총 세대 중 58.1퍼센트가 흔쾌히 모금에 참여했으며, 또 평균 32.30달러나 기부했다. 참고로 '1페니라도 좋다'는 말을 하지 않고 모금을 부탁했을 때는 32.2퍼센트의 세대만 모금에 참여했고, 평균 기부액은 20.74달러였다.

이렇듯 '○○만이라도…'라고 말하며 부탁해야 상대방이 응할 확률이 높아진다. 또 상대방은 내가 부탁한 것보다 더 많이 베풀어 준다.

다른 사례를 생각해 보자. 직장에서 친한 동료에게 잔업을 도와 달라고 부탁하고 싶다고 하자.

이럴 때는 "10분만이라도 좋으니 도와줄 수 있어?"라고 최대한 시간을 줄여서 부탁하는 것이 핵심이다. 대부분의 경우에는 동료도 부탁을 들어준다. 게다가 10분은 물론 더 많은 시간 동안 도와줄 것이 분명하다. 어쩌면 일이 끝날 때까지 도와줄지도 모른다.

만일 잔업을 돕기 시작한 지 10분이 지났다고 해도 "자, 10분이 지났으니까 나는 먼저 퇴근할게"라고 하는 박정한 사람은 거의 찾아볼 수 없다. 일단 떠맡은 이상 마지막까지 제대로 도와주자고 생각하는 사람이 대부분이다.

'이븐 어 페니 테크닉'은 매우 강력한 기술이라서 그 존재를 아는 사람도 쉽게 걸려든다.

　필자도 "한두 줄이라도 좋으니 글 좀 써 주시겠어요?"라는 말을 듣고 단행본 한 권 분량을 전부 쓴 적이 있으며, 신문 기자에게 "한마디라도 괜찮으니 의견을 들려주세요"라고 전화로 부탁을 받아서 30분 가까이 취재에 응한 적이 있다.

　이런 일이 꽤 많이 일어난다.

　세상에는 대체로 성격이 좋은 사람들이 살고 있다. 그래서 "○○만이라도"라는 말을 들었을 때 '○○만'으로 끝내는 경우는 없으며 보통은 더 큰 선의를 베풀어 준다.

　이렇듯 '이븐 어 페니 테크닉'은 사람의 선의를 이용하는 방법이다. 사기꾼이 악용하면 곤란하지만, 상대방이 선의를 베풀었을 때는 자신도 상대방에게 선의를 베풀어서 더 나은 인간관계를 구축하는 데 유용하게 쓰기 바란다.

KEY POINT

'일단 떠맡은 이상 마지막까지 도와주자'는 마음이 들게 한다.

말하기 거북한 부탁은 함께 식사하면서 하라

● 오찬의 법칙 ●

"술 한 잔 마시면서 이야기하지 않을래?"
"일단 뭐 좀 먹으러 갈까?"

상대방을 설득할 때는 함께 먹고 마시면서 설득하면 좋다. 그래야 상대방이 응할 확률이 비약적으로 높아지기 때문이다.

아무리 열정적으로 설명해도 좀처럼 수긍해 주지 않았던 사람이라도 함께 식사하면서 다시 설명하자 의외로 순순히 들어주는 경우가 많다.

우리는 맛있는 음식을 먹고 마시면 심리 상태가 매우 쾌적해진다. '쾌적한 상태'에서는 마음도 개방적이 된다. 그래서 뭔가를 먹고 마시지 않을 때는 반응하지 않던 사람도 식사하면서 부탁하면 선뜻 좋다고 대답하는 경우가 꽤 많다.

그렇다고 친구를 설득하기 위해 준비하는 음식이나 음료가 그리 비싸지 않아도 된다. 사업상의 접대가 아니므로 고급 식당에 갈 필요가 없다. 기껏해야 과자나 주스, 샌드위치 등 가볍게 먹을 수 있는 음식으로 충분하다. 그런 것으로도 친구는 기꺼이 여러분이 하는 말을 들어준다.

미국 예일 대학교의 어빙 재니스(Irving Janis)라는 심리학자는 약간의 과자와 콜라를 대학생들에게 제공하며 설득했을 때와 제공하지 않고 설득했을 때 얼마나 차이가 나는지 조사했다.

실험 결과, 과자를 제공했을 때는 예컨대 '25년 이내에 암 특효약이 개발된다'는 설득 문장을 읽고 나서 동의하는 학생의 비율이 81.1퍼센트였다. 그런데 과자를 제공하지 않았을 때는 61.9퍼센트에 불과했다.

과자를 제공하는 것만으로 '그렇다'라고 말하는 사람의 비율이 20퍼센트 가까이 올라간 것이다.

친구에게 뭔가를 부탁할 때는 미리 가방 속에 과자 등을 숨겨 놓았다가 이를 상대방에게 권하면서 부탁해 보면 좋을 것이다.

　상대방에게 주스를 건네서 함께 마시며 부탁하는 것도 좋은 아이디어다.

　'뭔가를 함께 먹는다'는 행위 자체가 서로의 친밀감을 높이는 데 도움이 된다.

　'한솥밥 먹는 사이'라는 표현이 있듯이 우리는 함께 식사한 사람에게 친숙함을 느낀다.

　여성들은 대화를 할 때 서로 간식을 나눠 먹으면서 이야기하는 경우가 많다. 아무것도 먹거나 마시지 않고 대화를 나누는 경우는 별로 없다.

　왜 여성들은 대화할 때 간식을 함께 먹을까? 그 이유는 그렇게 해서 친구와 좀 더 돈독한 관계를 만들고 싶다는 욕구가 있기 때문이다.

　이에 반해 남성은 뭔가를 먹거나 마시지 않아도 그다지 신경 쓰지 않는데, 그 이유는 남성이 여성만큼 '상대방과 친해지고 싶다'는 욕구가 강하지 않기 때문이다. 특별히 친해지고 싶은 마음

사람은 맛있는 음식을 먹고 마시면 심리 상태가 매우 쾌적해진다.
‘쾌적한 상태’에서는 마음도 개방적이 된다.

이 없으므로 간식을 함께 먹는 행동 등을 하지 않는다.

서로 친밀해지면 그만큼 부탁을 잘 들어주는 것은 당연하다. 그런 점에서는 남성도 여성을 보고 배워서 좀 더 자주 '상대방과 함께 간식을 먹는' 편이 좋다.

친구에게 부탁할 때는 "점심이라도 함께 먹으면서 이야기할 까?"라고 제안하면 수월해진다.

평소 '나는 말주변이 없다', '나는 설명이 장황하고 에둘러 말한다'고 느끼는 사람이라면, '함께 식사하면서'라는 작전이 훨씬 더 큰 효과를 볼 수 있다. 맛있게 음식을 먹고 있는 사람은 그다지 힘을 들여서 설득하지 않아도 '아, 좋아요'라고 대답해 주기 때문이다.

KEY POINT

뭔가를 함께 먹는 행위는 서로의 친밀감을 높여 준다.

분명한 이유와 목적이
동기를 부여한다

● DTAG 법칙 ●

"좋아하는 여성과 식사하기로 했어. 돈 좀 빌려 주지 않을래?"
"술자리 총무를 부탁받았는데, 내 옆에서 도와주지 않겠어?"

친한 사람 사이에서는 서로 편하다고 느껴서 그런지 뭔가를 부탁하면서 그 목적이나 이유를 제대로 설명하지 않을 때가 많다. 하지만 대개의 경우, 상대방이 '목적'이 확실하지 않은 것을 요구하면 우리는 "네, 알겠습니다"라고 쉽게 대답할 수 없다.

다른 사람에게서 Yes를 이끌어 내려면 '목적'이나 '목표'를 분명하게 알려야 한다. 목적지를 알려주지 않은 채 몇 십 분이고 몇 시간이고 오로지 걸으라고 하는 요구에 응할 사람은 아무도 없다. 목적지를 분명하게 알려 줘야 "아, 그렇다면 부탁을 들어 줘야지"라고 이해하고 마음을 움직인다.

아무 이유도 없이 그냥 가라고 할 때 "네, 알겠습니다" 하고 받아들일 사람은 없겠지만, 예를 들어 "지금 ○○ 서점에 가면 네가 좋아하는 연예인의 사인회에 참가할 수 있어"라고 목적까지 알려 주면 기꺼이 갈 것이다.

"나사를 만들어 주세요"라는 부탁을 받아도 그 사용 목적을 모르면 나사 만드는 일이 단조로운 작업으로 느껴져서 일할 의욕이 생기지 않는다.
하지만 "올림픽 경기장 건설에 사용할 나사입니다"라고 나사의 사용 목적까지 알려 주면 '그런 이유라면 게으름을 피울 수 없지'라고 생각하며 힘을 내서 만들어 줄 것이다.

이렇듯 목적을 알려 주면 상대방이 받아들이는 태도가 순식간에 달라진다.

유타 대학교의 야콥 옌센(Jakob. D. Jensen)은 목적이나 목표를 알려 주는 것만으로도 사람이 의욕을 발휘한다는 사실을 밝혀 내고, 이를 'DTAG(driving toward a goal) 법칙'이라고 이름 붙였다. 직역하면 '목표를 향한 의욕'이라는 의미다.

옌센의 연구에 따르면, 모금할 때 "우리 단체는 ○○달러를 목표로 모금 활동을 하고 있습니다"라고 목표 금액을 확실히 알려야 모금이 잘 된다고 한다.

친구에게 뭔가를 부탁할 때는 왜 부탁하는지 목적이나 목표까지 제대로 전해야 한다. 그래야 상대방이 잘 들어준다.

"이번 주 금요일에 회식에 참가하지 않을래?"라고 부탁하기보다 그 목적, 예컨대 "내가 좋아하는 여성이 참가하는 회식이 있는데, 함께 오지 않을래? 그리고 가능하면 내가 그녀와 사귈 수 있게 옆에서 도와줘"라고 부탁해야 좋다.

미리 목적을 확실히 알리면 친구도 여러모로 신경을 써 준다. 당신이 없는 곳에서 당신의 장점을 널리 퍼뜨릴 수도 있고, 그녀가 2차에도 참가하고 싶어지도록 분위기를 띄우려고 노력할 수도 있다. 당신과 그녀가 사귈 수 있게 온 힘을 다해 행동할 것이다.

"돈 2만 원만 빌려 줘"라고 갑자기 말하면 상대방이 친구라 해도 주저한다. 하지만 "오늘 좋아하는 여자와 함께 식사하러 가기로 했어. 만일을 위해서 돈을 넉넉히 지참하고 싶어"라며 그 목적까지 알려 주면 친구로서 도와주고 싶다는 마음이 들지 않을까?

'친한 사이일수록 예의를 지켜야 한다'는 말도 있지만, 친하다는 이유로 설명을 얼버무리고 넘어가면 안 된다. 목적이나 목표까지 반드시 설명해야 친구도 요구를 들어줄 수 있다.

그저 부탁하기만 해서는 친구도 난처해한다.

이유를 분명히 말하지 않는 사람은 그것만으로도 어울리기 힘들다는 느낌을 주기 때문에 가까이 다가가기가 힘들다. 대체로 친구가 적은 사람은 부탁하는 자세가 지나칠 정도로 난폭한 경우가 많다.

어떤 사람에게나 정중한 자세로 충분히 설명하는 사람은 친구들이 좋아하며 인맥도 점점 넓어진다. 그런 사람은 상대방에게 부탁할 때 목적을 분명히 설명하는 데 많은 공을 들인다.

왜 부탁을 들어주기 바라는가? 그 부탁에 어떤 의미가 있는가? 그런 점까지 설명하면 상대방은 충분히 이해하고 여러분이 하는 말을 따를 것이다.

사람들은 대개 마음속에 '친구로서 도와주고 싶은' 감정을 갖고 있다.

상대방이 자기 입으로
답을 말하게 하라

● 레토릭법 ●

"다른 관점에서 보면 ○○가 충분히 범인일 것 같지 않아?"
"열심히 일하고 나서 마시는 맥주 한 잔은 최고이지 않을까?"

심리 대화법 중 하나로 '레토릭법'이라고 불리는 기술이 있다. 레
토릭법이란 매사를 '○○다'라고 단정해서 말하기보다 '○○라고
생각할 수 있지 않을까?'라고 말해서 상대방이 직접 답을 생각하
게 하는 방법이다. 요컨대, 내 의견을 강요하지 않고 상대방이 직
접 의견을 내게 하는 것이다.

"이제 군대는 필요 없다!"고 강력하게 주장하는 것이 일반

적인 방법이라고 하면, "군대가 없어도 외교로 어떻게든 해결될 것이라고 생각할 수는 없습니까?", "군대가 정말로 필요할까요?"라고 질문을 던져서 결과적으로 상대방이 스스로 '군대가 필요 없다'고 생각하게 만드는 방법이 레토릭법이다.

친구를 설득할 때 특히 이 레토릭법이 매우 편리하다. 친구도 설마 자신이 설득되리라고 생각하지 않기 때문이다.

여러분이 입시를 앞둔 고등학생이라고 해 보자. 친구가 "너는 좀 더 열심히 공부하는 게 좋겠어"라고 타이른다면 어떨까? 기분이 상하지 않을까?

설령 그 말이 옳다고 해도 친구가 직설적으로 말하면 순순히 받아들이는 사람은 별로 없을 것이다. 학교 선생님이나 학원 강사가 그렇게 말한다면 몰라도, '같은 고등학생인 너한테 그런 말을 듣고 싶지 않아!'라는 기분이 들지 않을까?

우리는 친구에게서 의견을 강요당하는 것을 싫어한다.

그러나 친구가 레토릭법을 사용해서 "놀고 싶은 마음은 잘 알겠지만, 대학교에 입학한 후에 실컷 노는 게 좋지 않겠어?", "좋은 대학교에 합격하면 그만큼 이성에게 인기를 얻을 수 있지 않을까?", "명문 대학교를 졸업해야 그나마 저임금에 혹사당하지

일부러 자기주장을 강력하게 내세울 필요가 없다.
단지 질문하는 것만으로도 상대방의 의견을 바꾸도록 설득할 수 있다.

않는다고 생각하지 않아?"라고 단순히 '질문만' 한다면 어떻게 느낄까?

이번에는 '그래, 그 말도 일리가 있어'라는 기분이 들어서 '좀 더 열심히 공부해야지!'라는 의욕도 솟아날 것이다.

이처럼 의견을 강요하기보다 상대방이 그렇게 생각하게 하는 레토릭법은 매우 효과적인 설득 기술이다.

오하이오 주립 대학교의 로버트 번크랜트(Robert E. Burnkrant)는 대학생들에게 '학생에게는 엄격한 시험을 치르게 하는 편이 좋다'는 내용의 문장을 읽게 했다. 물론 이에 동의하는 대학생은 별로 없었다.

그 다음으로 번크랜트는 전체적으로 똑같은 내용을, '시험을 치르면 학생 자신에게 도움이 되지 않을까?', '학습을 촉진하지 않을까?'와 같은 레토릭을 넣은 문장을 만들어서 다시 대학생들에게 읽게 했다. 그러자 이번에는 동의하는 학생이 늘었다.

친구에게는 의견을 강요하기보다 오히려 '질문만' 하는 레토릭법이 적합하다.

질문하는 것만으로도 내가 원하는 방향으로 상대방의 의견을 바꾸도록 설득할 수 있다. 그러므로 일부러 자기주장을 강력하게 내세울 필요가 없다.

직장 동료가 "월급도 적고, 일도 지루해서 정말로 지긋지긋해"라고 불평하면 열심히 일하는 것이 왜 중요한지 의의를 어필하기보다 "게으름 피우는 게 오히려 더 피곤하지 않아?", "열심히 일하고 나서 맥주 한 잔 마시면 최고로 맛있게 느껴지지 않을까?"와 같이 레토릭법으로 질문만 하는 편이 무난하다.

물론 레토릭법을 써도 태도를 바꾸지 않는 사람이 있다. 그런 사람은 원래 너무나 완고해서 어차피 일반적인 방법으로는 설득되지 않는다. 그럴 때는 '뭐 그런 사람도 있지'라고 가볍게 생각하고 넘기는 것이 좋다.

KEY POINT

자신의 의견을 강요하지 말고 '질문' 형식으로 말해 상대방이 상상하게 한다.

물방울이 쌓이면
바위도 뚫는다

● 축적의 법칙 ●

"꽤 신빙성 높은 소문이 이렇게나 많이 있어."
"이번만이 아니라 지난주에도 변명할 여지가 없는 증거가 있잖아."

자신이 설득하고 싶은 일의 이유나 증거를 '논거'라고 한다. 'ㅇㅇ이므로 ㅇ△이다'라고 주장할 때 'ㅇㅇ이므로'가 논거에 해당된다.

심리학 데이터에 따르면, 논거가 한 가지보다 두 가지일 때, 두 가지보다 세 가지일 때 설득 효과가 더 높다. 논거의 수가 늘어나면 늘어날수록 상대가 설득될 확률도 높아진다.

‘진흙을 많이 던지면 달라붙을 수도 있다’는 말이 있는데, 비록 각각의 논거는 약하더라도 많은 논거를 나열하면 그만큼 설득력이 생긴다.

"최근 대졸 신입사원은 쓸모없는 사람이 많아"라고 불평을 늘어놓는 사람이 있으면, 우선 "그런데 너도 신입사원일 때가 있었어"라고 첫 번째 논거를 말한 뒤 상황을 살피자. 그래도 상대방이 태도를 바꾸지 않는다면 논거를 더 늘린다.

"일을 가르치면서 너도 복습한다고 생각하면 돼."
"너의 실력을 보여 줄 기회라고 생각하면 돼."

이렇게 계속 말하면 좋다. 논거 하나로는 태도에 변화를 보이지 않던 상대방도 두세 가지 논거를 연이어 말하면 "그래, 그럴 수도 있구나"라며 태도를 누그러뜨린다.

물론 많은 논거를 계속해서 말하려면 그 정도의 논거를 미리 준비해 놓아야 한다. 머리 회전이 빠른 사람이면 논거가 척척 떠오를 수도 있지만, 현실에는 그렇게 빨리 논거가 떠오르지 않는 경우가 허다하다.

따라서 상대방의 의견이나 태도를 바꾸려고 마음먹었을 때는 언제 설득할 기회가 생겨도 대처할 수 있도록 사전에 논거를 꼼꼼히 준비해 놓는 것이 좋다.

뛰어난 영업 사원은 고객의 질문이나 반론을 미리 예상해서 그에 대응할 수 있는 문답안을 만들어 둔다고 한다. 우리도 따라 해 보면 좋다. 순간적인 대응으로 생각해 낼 수 있는 논거는 기껏해야 한두 가지를 넘기지 못할 것이기 때문이다. 논거를 서너 가지씩 내놓을 수 있는 사람은 그리 많지 않다.

일리노이 대학교의 보비 캘더(Bobby J. Calder)는 '중혼'에 찬성하는 입장과 반대하는 입장에 대한 문장을 작성해서 이를 대학생 315명에게 읽게 했다. 찬성과 반대 각각의 입장에 대한 논거의 수를 1, 4, 7개로 설정했다.

실험 결과, 찬성이든 반대이든 논거의 수가 늘면 늘수록 그 입장에 동의하는 학생 수가 점점 많아졌다. 즉, 논거의 수가 늘어나면 설득 효과도 그에 비례해서 높아진다고 할 수 있다.

여성과 남성이 말싸움을 하면 대체로 남자가 진다. 대부분의 남편은 아내와 말싸움을 하면 진다. 그렇다면 여성이 말싸움에 강한 이유는 무엇일까?

여성은 남성과 비교해서 그다지 상관없는 일까지 논거로 삼아 계속 제시하기 때문이다. 주제와는 관계가 없다고 생각되는 일까지 논거로 제시하면 남성은 쩔쩔매다 반론할 수 없게 된다. 여성은 논거의 수로 상대한다.

남성은 여성과 비교하면 이성적으로 판단하는 경향이 있기 때문에 화제가 된 주제와 별로 관계가 없는 일이나 설득력이 없는 것은 논거로 잘 제시하지 않는다. 그런데 여성은 다르다. 남성이 보기에 이유가 안 되는 사항까지 논거로 삼는다. 그래서 남성이 굴복하고 만다.

이야기가 잠시 벗어났는데, 많은 논거를 준비해 놓고 이를 제시하는 방법은 상대방을 움직이게 하는 데 철칙이다.

논거 한 가지를 생각해 낸 것으로 만족하지 말고, '이것 외에도 좀 더 설득력이 있는 논거가 없을까?' 하고 끊임없이 자문자답하면서 평소에 '논거를 수집'해 놓으면 좋다.

법정 재판에서도 마찬가지다. 증거는 아무리 많아도 손해될 게 없다. 그것이 불확실한 상황 증거나 수상한 목격 증언이라

해도 일단은 많아야 자신에게 유리하게 논의를 펼쳐 나갈 수
있다.

근거가 없어 보이는 말이라도 그 수에 비례해서 승부가 결정된다.

정보의 가치를
넌지시 끌어올려라

● 정보의 가치 부여 효과 ●

"노벨화학상을 받은 ○○ 박사의 주장에 따르면…."
"미슐랭 3 스타 레스토랑의 셰프가 극찬한 음식점이야."

아무리 황당무계하게 들리는 이야기라도 그것이 과학자나 전문가에 관한 이야기가 되면 대부분의 사람들은 '어쩌면…'이라고 생각할 것이다.

이야기의 출처를 '정보원'이라고 하는데, '누가' 그 이야기를 했는지가 매우 중요하다. 수상한 인물의 이야기라고 하면 도저히 신용할 수 없다고 여기며, 유명한 연구자의 이야기라고 하면 대부분의 사람들이 그리 깊게 생각하지 않고 설득된다.

사람을 설득할 때는 그 정보원도 확실히 알리는 것이 좋다. 그래야 신빙성이 높다고 여기기 때문이다. 여러분 자신의 의견이라고 하면 웃으며 상대해 주지 않는 친구라도 전문가의 의견이라고 하면 순순히 받아들일 가능성이 매우 높아진다.

"과학 잡지 〈사이언스〉에 실린 데이터인데….”
"네덜란드의 ○○ 연구소가 실시한 최신 조사에서는….”
"노벨화학상을 받은 ○○ 박사가 재미있는 설을 주장했는데….”

이처럼 신빙성이 있는 정보원을 넌지시 비추면서 설득하는 것이 중요하다.
일반적으로 자존심이 높은 사람은 다른 사람의 이야기에 좀처럼 귀를 기울이지 않는다고 알려져 있다. 다시 말해, 설득하기 어려운 유형이다. 하지만 그런 자존심이 높은 사람도 정보원의 신빙성이 높으면 비교적 쉽게 설득할 수 있다는 사실을 나타내는 데이터가 있다.

노스 일리노이 대학교의 칼튼 마일(C. A. Maile)이라는 심리학자는 가공의 신상품 카펫을 사람들이 얼마나 갖고 싶어 하는지 조사했다.

상품을 판매할 대상은 모두 자존심이 높아서 설득하기 어려운 유형의 사람들이었다. 한편 카펫을 팔려고 하는 사람은 어떤 조건에서는 '백화점 매니저'라고 소개했고, 다른 조건에서는 '소비자 시험 연구소의 연구원'이라고 소개했다.

그러자 어떤 결과가 나왔을까? 완전히 똑같은 상품을 판매했는데도 '백화점 매니저'가 소개했을 때는 '갖고 싶다'고 대답한 사람의 비율이 33.3퍼센트인 것에 비해, '소비자 시험 연구소의 연구원'이라고 소개했을 때는 71.4퍼센트의 사람이 '갖고 싶다'고 대답했다.

똑같은 이야기라도 말하는 사람이 다르면 그 설득력도 달라진다. 따라서 사람을 설득할 때는 최대한 신빙성이 높은 사람의 이야기라는 점을 상대방에게 먼저 알리는 것이 중요하다. 그래야 상대방도 받아들인다.

"여름철 더위 예방에는 장어를 먹는 게 좋아."

이렇게 말하면 단순한 속설처럼 들린다. 하지만 서두에 "유명한 영양학자가 TV에서 말했는데…"라고 말하고 나서 장어를 먹도록 권하면 친구도 그런대로 믿어 줄 것이다.

이야기의 출처인 정보원을 확실히 알리는 것은 매우 효과적인 방법이다. 단, 그다지 신뢰할 수 없는 잡지에 실린 데이터라거나 만화책에 적힌 데이터 등은 숨기는 편이 나을 수도 있다. 그 데이터가 정말로 정확한지 알 수 없고, "어느 주간지의 만화에 나온 이야기인데…"라고 말해도 설득력이 오르기는커녕 오히려 수상하게 여길 위험성이 있기 때문이다.

최근에는 인터넷에서 쉽게 다양한 정보를 조사할 수 있는데, 인터넷 정보는 신빙성이 낮은 것도 많으므로 취사선택을 잘 해야 한다. 또한 상대방에게 말할 때는 '인터넷에서 조사했다'고 말하지 않는 편이 좋다. '인터넷 정보는 믿을 수 없다'고 여기는 사람도 꽤 많기 때문이다.

KEY POINT

자존심이 높은 사람일수록 정보의 출처에 가치를 부여하면 효과가 높아진다.

상대방의 성격은
'내'가 규정한다

● 라벨 효과 ●

"당신은 누구에게나 공정한 사람이니까…."
"술이 세다면서? 술을 아무리 마셔도 신사라고 들었어."

"넌 마음이 굉장히 넓구나."
"당신은 누구에게나 친절하군요."

이런 라벨을 상대방에게 붙여 주면 상대방도 마음이 넓어지고 불친절하게 행동하지 않는다.

사람은 보통 다른 사람이 라벨을 붙여 주면 그 라벨대로 행동하려고 한다. 이를 심리학에서는 '라벨 효과(레테르 효과)'라고 부른다.

"○○는 잡학 지식을 많이 알고 있어서 재미있어"라는 라벨이 붙은 사람은 앞으로도 많은 잡학 지식을 얻어서 이야기할 것이고, 있는 힘껏 '재미있는 사람'을 연출하려고 할 것이다.

부모가 "○○는 똑똑하구나"라는 라벨을 붙여 준 아이는 정말로 똑똑해질 것이다. '머리가 좋다', '똑똑하다'는 말을 부모가 몇 번이고 반복해서 그런 라벨이 붙은 아이는 말 그대로 똑똑한 사람이 된다.

한편 라벨 효과는 부정적인 방향으로도 작용한다. "넌 쓸모없어"라는 라벨이 붙은 사람은 원래 아주 멀쩡한 사람이라 해도 그 말을 듣는 동안 쓸모없는 사람이 되어 간다.
따라서 친구에게는 가급적 좋은 라벨을 붙여야 한다. 그렇게 하면 친구는 내가 바라는 사람으로 되어 갈 것이다.

"넌 정말로 사교성이 좋구나! 내가 언제 불러도 반드시 응해

상대방에게 바라는 모습이 있다면
직접 설득하기보다 라벨을 붙여서 유도하라.

주는 걸?"

평소 친구에게 이런 라벨을 붙여 놓으면 어느 날 갑자기 놀러 가자고 불렀을 때 친구는 쉽게 거절하지 못할 것이다. 친구는 당신에게 '사교성이 좋은 사람'이려고 하기 때문이다.

노스웨스턴 대학교의 리처드 밀러(R. L. Miller)는 시카고에 있는 공립 초등학교에서 재미있는 실험을 했다.

몇 개의 학급에서 담임 선생님에게 부탁하여 "모두 깔끔하구나"라는 라벨을 학생들에게 붙이게 했다. 그러자 82퍼센트 이상의 아이들이 쓰레기를 보면 주워서 휴지통에 버리기 시작했다고 한다.

그런데 담임 선생님이 그런 라벨을 붙이지 않은 학급에서는 교실에 쓰레기가 떨어져 있어도 무시하는 아이가 많았고, 쓰레기를 줍는 아이는 약 27퍼센트에 불과했다고 한다.

친구가 '이런 사람이면 좋을 텐데'라는 희망이 있다면, 그런 사람이 되어 달라고 설득하기보다 오히려 라벨을 잘 붙여서 친구가 그런 사람이 되도록 유도하면 된다.

또 항상 책상 위를 지저분하게 해 놓는 친구에게는 정리정돈을 하라고 다그칠 것이 아니라 그저 "넌 정말로 깔끔해"라는 라벨을 붙이기만 하면 된다. 그렇게 하면 어느 순간 책상 위도 깨끗해질 것이다.

KEY POINT ———————————

'당신은 OO한 사람이다'라는 라벨을 붙이면 실제로 그런 사람이 된다.

어떻게 말하면
사랑받고 싶은 사람의
사랑을 받을까

멋진 대사가 멋진 결과를
보장하지는 않는다

● 노멀의 법칙 ●

"저는 ○○ 씨와 이야기하고 싶습니다."
"저는 ○○ 씨 같은 여성을 좋아해요."

남성은 좋아하는 여성이 생기면 어떻게 해야 그녀와 가까워질
수 있는지 궁금할 것이다.

어떤 식으로 접근하면 그녀와 사귈 가능성이 높아질까?

연애에 성공하는 접근법에 관한 심리학 지식이나 조언이 과연
있을까?

결론부터 말하자면, 그런 지식은 있다. 어떤 식으로 말을 걸어야 마음속에 둔 여성과 사이가 좋아질 수 있는가에 대해서 알래스카 대학교의 크리스 클레인크(C. L. Kleinke)라는 심리학자가 실험을 실시했다.

클레인크는 세 가지 접근법을 제시하고 학생과 사회인 여성 600명(17세부터 35세)을 대상으로 평가했다. '당신이라면 다음과 같이 접근한 남성에게 호감이 생기는가?'라고 물어봤다.

클레인크가 제시한 세 가지 접근법은 다음과 같다.

① 매우 평범하게 (예 : 당신과 이야기하고 싶은데 괜찮습니까?)

② 농담조로 (예 : 당신을 보면 입에서 심장이 튀어나올 것 같군요.)

③ 직접적으로 (예 : 저와 함께 술 한 잔 하러 갑시다.)

결과는 어떻게 되었을까? '호감이 생긴다'고 대답한 비율은 매우 평범하게 접근했을 때가 63.6퍼센트, 농담조로 접근했을 때는 52.2퍼센트, 직접적으로 접근했을 때는 55.0퍼센트였다고 한다.

즉, 여성은 이상하게 거드름 피우거나 계략을 꾸미거나 강제적으로 다가오는 것보다 지극히 평범하게 말을 거는 접근법을 가장 선호했다.

남성은 이것저것 생각해서 농담을 섞어 가며 접근하거나 남자답게 직접적으로 접근하는 경우가 많은데, 클레인크의 실험은 매우 자연스럽고 평범하게 말을 거는 방법이 가장 좋다는 사실을 보여 줬다.

"저는 ○○ 씨와 이야기하고 싶습니다."
"저는 ○○ 씨 같은 여성을 좋아합니다."

이런 식으로 호의를 전하는 말이야말로 그녀와 사이좋게 지내기 위한 가장 빠르고 확실성이 높은 접근법이라고 할 수 있겠다.
영화나 만화책의 주인공이 말하는 것처럼 몹시 거들먹거리는 대사는 필요 없다. 그런 대사를 필사적으로 외워도 소용없다. 여성은 지극히 평범한 접근법을 좋아하기 때문이다.
'여성은 로맨티스트이니 낭만적인 대사를 읊는 게 좋지 않을까?'라고 생각할 수 있는데, 현실적으로는 그렇지 않다. 에둘러 말해서 접근하기보다 자신이 호의를 갖고 있음을 확실히 알리는 것만으로 충분하다.

싱글벙글 웃으면서 "당신과 잠깐 이야기하고 싶은데 괜찮습니까?"라고 말을 걸면 꽤 높은 확률로 여성이 "좋아요"라고 대답한다.

시간이 없다거나 이미 애인이 있다면 거절당할지도 모르지만, 당장 볼일이 없고 시간이 있는 여성은 매우 평범하게 접근할 경우 대체로 성공할 것이다.

여성과 친해지는 것은 그리 어려운 일이 아니다.

이상하게 에둘러 말하거나 강제적으로 다가가지 말고 아주 자연스럽게, 여자 친구에게 말을 건다는 생각으로 이야기하면 성공할 수 있다.

KEY POINT

커브나 변화구보다 직구로 접근해야 한층 더 마음을 사로잡을 수 있다.

상대를 바꾸기보다
내가 할 수 있는 일을 찾는다

● 북풍과 햇볕의 법칙 ●

"그 생각 좋은데? 나도 그렇게 해야지."
"너와 있으면 배울 점이 많아. 왠지 나도 영향을 받을 것 같아."

이 책은 '상대방을 움직이게 하는 기술'을 들려주고 있다. 하지만 그렇다고 해서 혈안이 되어 필사적으로 상대방을 바꾸려고 하는 것은 그다지 좋은 작전이 아니다.

한번 여러분 자신에 대해서 생각해 보자. 여러분은 상대가 비록 애인이라도 누군가 나의 의견이나 성격, 습관을 바꾸려고 기를 쓰고 달려든다면 어떻겠는가? 불쾌한 기분이 들지는 않는가?

상대방도 마찬가지다. 아무리 애인이라 해도 자신을 바꾸고 싶어 한다고는 전혀 생각하지 않을 것이다. 따라서 '상대방을 바꿔 주겠어'라며 단단히 마음먹고 임해도 그런 시도는 대체로 실패할 것이 뻔하다.

뉴질랜드에 있는 오클랜드 대학교의 슈리너 히라(S. N. Hira)는 애인이 있는 160명의 사람들에게 '자신이 달라지려고 노력해야 합니까?', 아니면 '상대방이 달라지려고 노력해야 합니까?' 하고 물어봤다. 또한 최근 반년 동안 서로의 관계가 어떻게 좋아졌는지, 또는 나빠졌는지에 대해서도 물었다.

그러자 '상대방이 달라져야 한다'고 대답한 커플일수록 상황이 잘 개선되지 않았고, 또 서로의 관계도 악화되었다는 결과를 얻었다. 오히려 서로의 관계가 좋아진 것은 '자신이 달라지려고 노력해야 한다'고 대답한 커플이었다고 한다.

히라의 분석에 따르면, '상대방을 바꾸려고' 하는 행위는 반발, 분노, 적대심, 복수 등 좋지 않은 결과만 가져온다고 한다.

애인에게는 변해야 한다고 다그치지 않는 편이 좋을 듯하다.

상대방에게 행동이나 성격을 바꾸라고 하기는 어렵지만,
자신이 할 수 있는 일을 바꾸는 것이라면 지금 당장 할 수 있다.

"년 언제나 약속 시간에 늦어. 시간 좀 잘 지켜!"

이런 식으로 상대방에게 행동의 변화를 요구하면 안 된다. 상대방이 늘 데이트에 늦는다면 약속 장소를 자신이 좋아하는 가게로 하거나 책을 읽으며 기다릴 수 있는 카페 등으로 정하면 된다. 그렇게 하면 몇 시간을 기다려도 전혀 화가 나지 않는다.

낚시가 취미인 사람은 낚시 도구 전문점에서 만나기로 하고 매장 안을 둘러보면서 시간을 보낸다. 그러면 '상대방이 늦어서 기다린다'는 의식을 갖지 않을 수 있다.

요컨대 '자신이 할 수 있는 일'을 바꾸면 된다. 상대방에게 행동이나 성격을 바꾸라고 하기는 어렵지만, 자신이 할 수 있는 일을 바꾸는 것이라면 지금 당장 할 수 있다. 또한 서로의 관계가 한층 더 원만해진다.

"당신은 늘 지저분하게 먹네요. 좀 더 깨끗하게 먹으려고 해 봐요."

이렇게 비난해도 행동 습관은 순식간에 달라지지 않는다. 그렇다면 차라리 음식이 흘러넘치지 않고 소스나 국물이 셔츠에 튀지 않는 요리를 제공하는 음식점을 선택해서 데이트를 하면 된다. 그렇게 하면 상대방이 지저분하게 먹는 것도 그다지 신경 쓰이지 않는다. 상대방의 먹는 방법을 바꾸려고 하기보다 음식점을 바꾸는 편이 훨씬 편하다.

사람의 성격이나 행동을 변화시키는 것은 매우 어렵다. 그보다는 자신이 뭔가 할 수 있는 일이 없는지 생각해 보면 좋을 것이다.

애인이 달라지기를 기대하기보다 자신이 할 수 있는 일을 바꿔야 서로 싸우지 않고 원만하게 교제할 수 있다.

KEY POINT

모든 싸움이나 실연은 '이기주의'에서 기인한다는 사실을 이해한다.

그 누가 웃는 얼굴에
침 뱉으랴

● 미소 효과 ●

"늦어서 미안해. 평소보다 더 힘을 주어 멋을 내느라 늦었어!"
"지금보다 더 멋있어지지 않아도 되잖아?"

남자친구에게 뭔가를 부탁할 때는 유머를 섞으면 잘 들어준다.
흔히 '남성은 이성적이고 여성은 감정적'이므로 이성적인 남성
에게는 논리 정연하게 의논해야 말을 들어줄 것이라고 생각하
는데, 사실은 그렇지 않다. 오히려 남성에게 부탁할 때는 사소한
유머를 섞는 것이 중요하다.

예를 들어, 남자친구의 패션 센스가 지나치게 기발해서 마음

에 안 들 수 있다. 이때, "지금보다 더 멋있어지지 않아도 되잖아?"라고 장난기를 가득 담아 말하면 남자친구의 패션이 좀 더 차분하고 심플한 스타일로 변할 수도 있다.

캐나다에 있는 컨커디어 대학교의 마이클 콘웨이(M. Conway)는 유머를 섞어 상품을 어필한 광고 메시지와 매우 평범하게 상품을 어필한 광고 메시지를 비교하여 남성일수록 유머에 쉽게 설득된다는 점을 밝혀냈다.

남성은 확실히 이성적이기는 하지만 유머를 섞은 설득에 약하다. 오히려 무조건 논쟁을 벌이기보다 유머를 섞어야 애교가 있어서 좋다는 의미도 있을 것이다.

남성은 여성과의 논쟁에서 지고 싶어 하지 않으며 남자로서 체면을 지키고 싶어 한다. 애인에게 말로 꺾인다는 생각이 들면 왠지 모르게 석연치 않은 기분이 들고, 뭐랄까, 남자로서의 허세나 자존심이 방해해서 솔직하게 받아들이지 못한다.

따라서 남성에게는 장난기를 살짝 담은 유머로 완곡하게 표현하여 설득해야 "알았어, 알았어"라며 받아들일 가능성이 높아진다.

또한 유머가 섞인 설득은 상대방이 '즐거운 마음으로 받아들이게 하는' 효과가 있다. 학교 선생님 중에서도 가끔씩 유머를 섞어서 강의하는 선생님이 학생들에게 인기가 많고 강의 내용도 잘 기억한다는 것을 보여 주는 데이터도 있다.

유머는 상대방을 즐겁게 하면서 내 이야기도 받아들이게 하므로 이보다 더 좋은 작전은 없다. 이런 유머의 원천은 상대방을 위해서 훈훈한 분위기를 연출하고 싶다는 '배려심'이다. 따라서 유머로 설득하는 방법은 효과가 좋을 수밖에 없다.

일반적으로 상대방을 설득할 때는 껄끄러운 분위기가 조성된다. 누구든지 자신의 마음을 조종당하고 싶어 하지 않기에 남이 설교하거나 명령하거나 '이래라, 저래라' 억지로 강요하면 기분이 나빠진다. 그래서 서로의 관계가 험악해진다.

그런데 유머를 섞으면 그런 험악한 분위기가 만들어지지 않는다. 험악해질 듯하다가도 유머를 살짝 더하면 그런 분위기를 떨쳐 낼 수 있다.

영국인은 다른 사람과 논쟁할 때 반드시 유머를 섞는다고 하는데, 이 또한 상대방과 서먹해지지 않기 위한 지혜라고 할 수 있다. 아무리 열정적으로 논쟁을 주고받아도 이따금 유머를 섞으면 결정적인 파국을 맞지 않는다는 사실을 알고 있을 것이다.

데이트 약속 시간에 늦었다고 남자친구가 싫은 소리를 해도 "오늘의 데이트를 위해서 평소보다 더 힘을 주어 멋을 내느라 늦었어"라고 웃으며 대답하면 남자친구도 쓴웃음을 지으며 용서해 주지 않을까?

남성이든 여성이든 코미디언을 목표로 할 필요까지는 없지만, 평소에 어느 정도의 유머 센스를 연마해 놓으면 좋다. 유머 센스가 있으면 인간관계가 한층 원만해진다.

KEY POINT

유머는 상대방을 위해서 훈훈한 분위기를 연출하고 싶다는 '배려심'에서 나온다.

은근슬쩍
'숫자'를 주입하라

● 넘버 효과 ●

"20대 여성의 88퍼센트가 재구매하는 상품을 증정하겠다."
"영화를 본 사람의 80퍼센트가 만족했다고 호평을 얻은 영화인데,
나와 함께 보러 갈래?"

상대방에게 뭔가를 부탁할 때는 아무렇지 않게 '숫자'를 넣어 보자. 그러면 상대방을 설득하는 데 성공할 가능성이 높아진다. 이를 '넘버 효과'라고 한다.

위싱턴 대학교의 리처드 옐치(R. F. Yalch)는 직장인 126명을 두 그룹으로 나눠서 한쪽 그룹에는 '이 시스템을 도입하면 인건비

가 크게 줄어듭니다'처럼 숫자를 넣지 않은 설득 문장을 읽게 하고, 다른 한쪽 그룹에는 '이 시스템을 도입하면 인건비를 5퍼센트에서 최대 45퍼센트까지 삭감할 수 있습니다'처럼 숫자를 넣은 설득 문장을 읽게 했다. 그러자 숫자를 넣은 후자 쪽의 설득 효과가 압도적으로 높아진다는 결과를 얻을 수 있었다.

옐치의 분석에 따르면, 설득 메시지 속에 숫자가 있느냐 없느냐로 상대방이 받아들이는 태도가 완전히 달라진다. 숫자를 포함한 것만으로 신빙성이 비약적으로 높아지는 것이다.

'의사 100명 중 94명이 추천한 칫솔.'
'재방문율이 90퍼센트를 넘을 만큼 만족도가 높은 테마파크.'
'산지에서 4시간 이내에 배송된 신선한 채소.'

이렇듯 자연스럽게 숫자를 넣으면 상대방에게 강한 인상을 줄 수 있다. 숫자를 넣는 설득법은 어느 누구에게나 효과적이며 당연히 애인 사이에도 효과가 있다.

여자친구에게 선물할 때는 "20대 여성의 80퍼센트가 좋아한다고 홍보하던데, 네 마음에 들었으면 좋겠어"라고 말하면서 건네주면 '뭐 이런 시시한 물건을 주고 그래'라고는 생각하지 않을

**말 속에 숫자가 있느냐 없느냐로
상대방이 받아들이는 태도가 완전히 달라진다.**

것이다. 솔직히 감격하지 않을까?

'숫자를 잘 외우지 못한다'는 사람도 있을 것이다. 그런 사람을 위해서 약간의 팁을 알려주겠다. 단기간에 집중해서 한 번에 외우려고 하지 말고 며칠에 걸쳐서 가끔씩 복습하며 외우는 방법이다.

심리학에는 고전적인 '요스트 법칙(Jost' Law)'이 있는데, 새로운 외국어 단어를 외우거나 숫자를 기억하려고 할 때,

① 하루에 8회씩 3일을 반복한다
② 하루에 4회씩 6일을 반복한다
③ 하루에 2회씩 12일을 반복한다

이와 같은 세 가지 조건이 있다고 하면 어느 조건이든지 총 24회씩 기억했다고 할 수 있지만, ③의 조건이 기억을 가장 많이 강화한다. 그래서 숫자를 외울 때는 한 번에 외우려고 하지 말고, 하루에 외우려는 횟수가 적어도 좋으니 며칠에 걸쳐서 외우면 머릿속에 잘 정착된다.

숫자를 넣어서 상대방을 설득할 때는 당연히 정확한 숫자를 외워야 하는데, 숫자를 기억할 때는 하루에 다 기억하려고 하기보다 며칠에 나눠서 외우는 편이 좋다. 이 방법은 업무 중 숫자를 기억할 때도 유용하므로 꼭 시도해 보기 바란다.

KEY POINT

아무렇지 않게 숫자를 넣어 말하면 '지적인 사람'으로 보인다.

애인의 마음을 알고 싶다면
공포심을 조장하라

● 공포 작전 ●

"다음 달에 부모님이 추천한 사람과 맞선을 봐야 하는데…."
"직장의 남자 후배가 몇 번이나 같이 식사하자고 해서…."

최근 들어 여성의 권리가 많이 신장되었다고는 해도 이성에게
고백하거나 프러포즈하는 쪽은 여전히 남성이다.

매사추세츠 공과 대학교의 조슈아 애커먼(J. M. Ackerman)이 수
많은 커플에게 '먼저 고백한 사람은 누구인가?'라는 조사를 두
번에 나눠서 실시했더니, 첫 번째 조사에서는 61.5퍼센트, 두 번
째 조사에서는 70.0퍼센트가 '남성이 고백했다'고 한다.

프러포즈도 마찬가지다. 여전히 남성이 주도권을 가지고 결혼하자고 먼저 말한다. 여성 쪽에서 먼저 '결혼해 줘'라고 말하기 어려운 모양이다.

그렇다고 해도 오늘날 남성들은 점점 연약해져서 좋아하는 마음이 있어도 고백하기를 망설이거나 프러포즈를 단념하는 경우가 점점 많아지고 있다. 이런 경우 여성은 언제까지 기다리기만 해야 하는 것일까? 남성이 고백이나 결혼을 과감하게 결정하게 하는 방법은 없을까?

사실은 그런 방법이 있다. 그 방법은 바로 '압박'이다. 요컨대 빨리 고백하지 않거나 결혼 요청을 하지 않으면 큰일 난다는 공포심을 느끼게 하면 된다.

"서로 알고 지낸 지 2개월이 될 때까지 남자가 고백하지 않으면 커플이 될 수 없고 친구로만 지내게 된대. 그러고 보니 우리도 슬슬 만난 지 2개월 정도 되지 않았어?"라고 하면 어떨까? 만일 남성에게 사귈 마음이 있다면 서둘러서 고백할 것이다.

"크리스마스까지 프러포즈 해 줘. 안 그러면 부모님이 추천한 사람과 맞선을 봐야 해"라는 말로 애태우면 어떨까?

태도를 분명하게 하지 않는 남성은 어느 정도 '압박'을 가하지 않으면 계속 결단을 내리지 못한다. 그러므로 살짝 거짓말을 해서 '당신이 사라질지도 모른다'는 공포심을 느끼게 해야 한다.

사람은 공포심을 느끼면 그 공포심을 피하기 위해서 행동하려고 한다. 반대로 말하면 공포심을 느끼기 전까지는 현재의 관계를 그저 타성적으로 유지하려고 한다. 공포심이 없으면 '변화는 필요 없다'고 판단한다. 그래서 언제까지고 미적지근한 상태에 머무르려고 한다.

그런 애매한 태도를 보이는 남성이 과감하게 결단을 내리게 하려면 역시 공포심을 느끼게 하는 수밖에 없다.

미국 앨라배마 주에 있는 오번 대학교의 마이클 레이처(M. S. Latour)는 공포심을 느끼게 하는 광고가 다른 광고보다 사람들에게 어필하는 힘이 훨씬 강하다는 사실을 실험으로 확인했다.

레이처의 실험에 따르면, 상대방에게 주는 공포심은 강하면 강할수록 효과가 있었다고 한다. 단, 남자친구를 지나치게 궁지에 몰아넣는 압박은 추천할 수 없으므로, 상황에 따라 되도록 '온화한 압박'을 해야 좋을 것이다.

가장 효과적인 방법은 '다른 남성이 자꾸 치근거린다'는 사실을 은근히 암시하는 방법이다.

"직장 후배가 몇 번이나 같이 식사하자고 하더라."
"거래처 부장님이 나를 굉장히 마음에 들어 해서 자기 아들과 선을 보라고 끈질기게 설득하셔."

이런 느낌을 남성에게 자연스럽게 전달한다. 만일 그가 조금이라도 당신을 마음에 두고 있다면 다른 남성에게 빼앗기는 위험을 피하기 위해서라도 그 즉시 다가올 것이다.

그런데 그 남성이 아무런 반응을 보이지 않는다면? 안타깝게도 당신에게 연애 감정이 전혀 없다고 생각할 수 있다. 그럴 경우에는 다른 사람을 찾는 편이 현명할지도 모른다.

KEY POINT

사람은 공포심을 느끼면 그 공포심을 피하기 위해 행동에 나선다.

'나'는 숨기고
'당신'을 드러내라

● '당신'의 법칙 ●

"술 한 잔 하고 싶어지면 언제든지 사양 말고 말하세요."
"이 책은 나보다 네 취향에 딱 맞을 거야."

대부분의 사람들은 외판원이나 영업 사원에게 처음부터 경계하는 태도를 취한다. 상대방이 외판원이라는 사실을 안 순간, 또는 그 사람이 입을 연 순간에 "됐어요"라고 거절하는 사람이 많다. 그 정도로 외판원은 사람들에게 미움을 받고 있다.

왜 외판원은 미움을 받을까? 왜 외판원은 신용을 얻기 어려울까? 그 이유는 그들이 상품을 판매하는 행위가 어디까지나 '자신의 이익' 때문이라는 사실을 사람들이 잘 알고 있기 때문이다.

예를 들어, 외판원이 "이러이러한 상품을 추천합니다"라고 설명해도 고객은 바보가 아닌 이상, '어차피 자신의 실적을 올리고 싶을 뿐이잖아?', '상품이 팔리면 자신한테 돌아오는 수수료가 늘어나니까 추천하는 거겠지'라고 생각한다.

그런 이유로 마음속 어딘가에서 외판원을 의심한다.

따라서 훌륭한 외판원일수록 상품을 판매하지 않는다. 억지로 상품을 추천해도 고객에게는 쓸모가 없을뿐더러 불신감을 조성한다는 것을 확실히 알고 있기 때문이다.

훌륭한 외판원은 고객을 방문해서 그저 "어려운 일이 있으면 언제든지 사양 말고 말씀해 주세요"라는 말만 한다. 절대로 뭔가를 강매하려고 하지 않는다.

"이번에 신상품이 나와서 책자만 놓고 가겠습니다"라고 말하는 경우는 있어도 그 상품을 강력하게 추천하지는 않는다. 어디까지나 고객에게 맡긴다.

캘리포니아 대학교의 마거릿 캠벨(M. C. Campbell)의 말에 의하면, 어떻게든 강매하려고 필사적으로 판매할수록 고객은 외판원

'상대방을 중시하는' 자세는 신뢰를 얻는 지름길이다.

을 의심해서 결과적으로 그런 사람에게서는 물건을 사고 싶은 마음이 사라진다고 한다.

상대방이 연인이라 해도 기본적인 인간의 심리는 똑같다. 상대방의 마음을 억지로 바꾸려고 하면 고객이 외판원에게 반발하는 것과 똑같은 결과가 나온다.

"당신은 좀 더 ○○하면 좋겠어요"라는 말을 연인에게 해도 되지만, 바꿀지 말지는 어디까지나 상대방에게 맡겨야 한다.

또한 상대방이 기존의 행동이나 성격을 바꾸면 내가 이득을 보는 게 아니라 상대방 본인이 이득을 본다는 사실을 이해시켜야 한다.

"당신이 행동을 바꾸든 말든 나는 상관없어. 하지만 바꾸면 반드시 당신에게 도움이 될 거야."

이런 식으로 어디까지나 내가 아닌 상대방에게 이익이 된다는 점을 강조하자.

훌륭한 외판원은 자신의 이익보다 고객의 이익을 중요시하기 때문에 그들은 사람들에게 신뢰를 얻는다.

연인에게서 신뢰를 받고 싶으면 훌륭한 외판원과 마찬가지로
자신의 이익보다 연인의 이익을 중시하는 자세를 보이자.

KEY POINT ──────────────────────────────

'상대방을 중시하는' 자세는 신뢰를 얻는 지름길이다.

'무엇을 말할까'보다
'어떻게 말할까'가 중요하다

● 후광 효과 ●

"어머나, 왜 그래? 누구에게 이리 당했어? 절대로 용서할 수 없어!"
"자세히 좀 보여 주세요. 이 상처 굉장히 아팠겠네요."

상대방을 설득할 때는 '무슨 말을 할까?'보다 '어떤 식으로 말을
전할까?'가 훨씬 더 중요하다.

매우 난폭하게 표현하자면, 말하는 내용 따위는 사실 아무래
도 상관없다. 마음이 담긴 말로 표현하면 상대방에게도 당신의
따뜻한 마음이 전해져서 말도 쉽게 들어준다. 그래서 말주변이
있느냐 없느냐는 아무래도 상관없으며 얼마나 마음을 담을 수

있느냐가 중요하다.

의사 중에도 환자가 선호하는 의사가 있는가 하면 심하게 꺼려하는 의사도 있다. 그들은 의사가 지녀야 할 전문 지식이나 의학적인 기술에서는 그다지 큰 차이가 없다. 하지만 환자를 대하는 방법이 다르다.

환자가 꺼려하는 의사는 환자를 한 번도 보지 않고 외면한 채 말한다. 환자는 의사가 자신과 눈도 안 맞춰 준다고 분개하여 그 의사를 싫어한다. 그런 탓에 "약을 제대로 챙겨 드세요"라고 충고해도 의사의 말을 따르지 않고 약을 버리기도 한다.

그에 반해서 환자가 선호하는 의사는 환자를 마주 보고 차분히 대화한다.

"이렇게 상처가 심한데 굉장히 아팠겠네요."

이렇게 물어볼 때는 자신도 아픈 듯한 표정을 지으며 환자에게 공감을 표시한다. 그래서 환자도 그 의사가 하는 말에 순순히 따르려는 마음이 생긴다.

오하이오 주립 대학교의 마이클 라크로스(M. B. LaCrosse)의 연구에 따르면,

① 상대방의 눈을 제대로 바라본다.
② 배꼽을 상대방 쪽으로 해서 정면에 앉는다.
③ 되도록 앞으로 기운 자세를 취해서 상대방에게 다가간다.

의사가 이런 태도를 보이면, 눈을 보지 않고 몸을 옆으로 향한 채 의자에 거만하게 앉아 있는 의사에 비해 두 배나 호감을 얻는다고 한다. 진정이 느껴지는 태도가 다른 모든 것을 압도하는 것으로, 이를 심리학에서는 '후광 효과'라고 한다.

연인과 만날 때도 '호감을 얻는 의사'를 모델로 삼아 보면 어떨까? 상대방을 진실로 대하고 있다는 자세로 이야기하면 대체로 상대방이 내 이야기를 잘 들어줄 것이다.

특히 남성은 다른 사람과 이야기할 때 외면한 상태로 말하는 버릇을 가진 사람이 많으므로 주의해야 한다. 본인에게 나쁜 뜻이 없거나 또는 여성의 눈을 보고 말하기가 부끄러울지도 모르지만, 그래도 상대방을 외면한 채 말하는 태도는 좋지 않다. '차

가운 사람'이라는 인상을 주기 때문이다.

상대방의 눈을 제대로 보면서 말하는 습관을 들이자. 처음에는 익숙하지 않을 수 있지만, '눈을 보며 말하는' 태도도 단순히 습관에 불과하다. 익숙해지면 별것 아니므로 한동안은 참고 눈을 보며 말하도록 하자.

상대방의 눈을 보지 않고 말하면 "수고했어요"라고 위로의 말을 건넨다 해도 빈정거리는 것처럼 들린다. 상대방의 눈을 바라보며 "수고했어요"라고 말하면 상대방도 진심으로 위로받았다고 느껴서 기분이 좋아진다.

이야기의 내용에 집중하는 것도 좋지만, 가장 중요한 것은 따뜻한 인품이다. 그런 마음가짐이 있으면 어떤 사람을 상대하더라도 마음을 잘 움직일 수 있지 않을까?

KEY POINT

사랑을 받으려면 '인품을 연마하는' 것부터 시작한다.

긍정 프레임을 만들어 주면
호감도가 올라간다

● **프레이밍 법칙** ●

"햇볕이 강해서 네 피부가 타면 안 되니까 실내에서 놀자."
"통통하고 사랑스러운 데다 믿음직스러운 분위기가 좋아."

똑같은 말을 하더라도 긍정적으로 들리는 표현과 부정적으로
들리는 표현이 있다. 이를테면 돈을 잘 쓰지 않는 사람을 가리
켜서 '절약가'라고 하면 긍정적으로 들린다. 이는 칭찬하는 말과
같다. 그런데 같은 사람을 가리켜서 '구두쇠'라고 하면 아무래도
부정적으로 들린다.

이렇듯 상대방을 설득할 때는 최대한 긍정적으로 들리는 말을

선택해야 한다. 그래야 상대방의 귀에도 기분 좋게 들리기 때문이다.

네덜란드에 있는 봐허닝헌 대학교의 조너선 판 트리트(J. Van T' Riet)라는 심리학자는 건강 증진 캠페인이라고 거짓말을 해서 사람들에게 두 종류의 문장을 읽게 했다.

두 문장은 모두 똑같은 내용을 설명하고 있지만, 한쪽은 긍정적인 인상을 주는 문장으로 적혀 있었다. 예를 들면 '충분히 운동하면 근력이 생기고 장수할 수 있습니다'라는 식이었다.

그런데 다른 한쪽은 부정적인 감정을 끌어내는 듯한 문장이 적혀 있었다. 예를 들면 '충분히 운동하지 않으면 근력이 떨어지고 일찍 죽습니다'라는 식이었다.

결국 두 문장 다 건강에 주의하라고 어필하는 내용이었지만, 읽은 사람은 긍정적인 표현을 사용한 문장을 받아들일 가능성이 훨씬 더 높았다고 한다.

남을 설득할 때는 상대방에게 어떻게 들리는지 자문자답해 보자. 이때 최대한 상대방에게 이익이 있는 것처럼 들리고, 상대방의 긍정적인 감정을 끌어낼 수 있도록 주의해야 한다. 그렇게 하면 상대방을 잘 설득할 수 있다.

예컨대 여자친구와 데이트를 할 때, "오늘은 햇볕이 강한데다 밖은 더우니까 우리 집에서 DVD나 보자"고 제안하는 사람은 여자의 마음을 잘 모른다. 데이트를 대충 때우려는 듯한 부정적인 인상을 주기 때문이다.

그러나 똑같이 집에서 데이트를 하자고 제안하더라도 "햇볕이 강해서 네 하얀 피부가 타면 안 되니까 우리 집에서 DVD라도 보자"라고 표현하면 그녀도 순순히 받아들이지 않을까?

무엇을 표현하든지 마음만 먹으면 얼마든지 긍정적인 표현으로 바꿀 수 있다.

살이 찐 남자친구에게 설마 대놓고 '뚱보'라고 하는 사람이야 없겠지만, 조금만 신경 써 보면 '믿음직스럽다', '신뢰할 수 있다', '통통해서 사랑스럽다'는 등 다양한 표현을 떠올릴 수 있을 것이다. 또한 그렇게 말해야 남자친구도 좋아한다.

상대방에 대한 배려가 부족한 사람은 말도 대충 선택해서 상대방의 신경을 건드리는 표현을 사용하는 경우가 꽤 많다.

말할 때는 자신의 말이 상대방에게 어떤 의미로 들릴 것인지

상대방을 설득할 때는 최대한 긍정적으로 들리는 말을 선택해야 한다.

상대방의 입장에서 생각해야 한다. 그렇게 하면 말을 잘못 선택하는 일도 줄어들 뿐만 아니라 상대방의 기분을 좋게 만들 수 있을 것이다.

KEY POINT ────────────────────────
자신의 말이 최대한 긍정적으로 들리도록 프레임을 만든다.

어떻게 말하면
상대가 'No'라고
하지 않을까

직접 호소하기보다는
제삼자의 입을 빌려라

● 주워듣기 효과 ●

"당신 남편은 항상 아내 이야기만 해요."
"네 와이프는 굉장히 부지런한 사람이네. 선물도 좀 챙겨 줘라."

남편이 아내에게 "난 행복한 사람이야. 당신과 결혼했으니까"라고 진지한 얼굴로 말하면 아내는 어떤 반응을 보일까? 아마 무슨 바보 같은 소리를 하느냐며 코웃음을 치고 끝날 것이다.

물론 아내가 남편에게 똑같이 "난 행복한 사람이야. 당신과 결혼했으니까"라고 말을 해 줘도 남편 역시 자신을 놀린다고 생각할 것이다.

그런데 같은 말이라도 두 사람이 서로 아는 친구나 지인이 하면 어떨까?

"남편이 직장에서 당신(아내) 이야기만 하는 바람에 다들 질렸어요"라며 남편의 동료가 말하면 어떨까?

이번에는 남편의 애정을 순순히 믿을 수 있지 않을까?

심리학에서는 본인이 직접 말하기보다 오히려 제삼자가 말했을 때 설득 효과가 높아진다고 알려져 있다. 이를 '주워듣기 효과'라고 한다. 당사자와 이해관계가 전혀 없는 제삼자가 말해야 설득 효과가 높아진다.

이 효과는 캐나다 캘거리 대학교 교수인 데이비드 존스(D. A. Jones)의 연구에서도 증명되었다.

만약 아내나 남편이 내 말을 곧이곧대로 듣지 않는다면 서로가 알고 지내는 친구에게 대신 말해 달라고 하면 된다.

한 달 용돈이 얼마나 적은지 아무리 간절히 이야기해도 아내가 용돈을 올려 줄 것이라고는 도저히 기대할 수 없다. 아마도 아내에게 혼만 날 것이다.

그럴 때는 아내와 절친한 친구에게 부탁해서 "너희 남편은 집

Art of Conversation

당사자와 이해관계가 전혀 없는 제삼자가 말하면 설득 효과가 높아진다.

안일도 잘 도와주잖아. 게다가 부하 직원도 잘 챙겨 주고. 조금이라도 매달 주는 용돈을 올려 주면 사회생활이나 집안일을 하는 데 동기부여가 될 거 같지 않아?"라는 느낌으로 말해 달라고 한다. 그러면 아내도 조금은 다시 생각하지 않을까?

당사자와 직접 이해관계가 없는 친구에게는 설령 아내를 설득한다 해도 아무런 이익이 없다. 그러므로 제삼자인 친구의 발언은 신빙성이 높다고 느낄 수 있다.

또한 아내는 설마 남편이 뒤에서 그렇게 말하도록 시켰다고는 생각하지 않는다. 물론 뒤에서 남편이 그렇게 말하도록 시킨 것이 들통나면 곤욕을 치를 것이다.

참고로 말하자면, '제삼자를 잘 활용하는' 기술은 어린아이들도 종종 사용한다.

자신이 아빠에게 말해도 절대로 들어주지 않는다고 느낀 아이는 일단 엄마에게 부탁한다. 엄마의 입을 통해 아빠에게 자신의 요구를 들어달라고 하는 것이다.

정말 똑똑한 아이는 우선 할아버지나 할머니에게 부탁해서 할아버지, 할머니를 통해 부모를 설득하는 작전을 사용하기도 한다. 평소에는 큰소리를 치는 아빠나 엄마도 자신들보다 윗사람인 할아버지, 할머니에게는 거역할 수 없다는 사실을 잘 알고 있기 때문이다.

웃는 얼굴로
행복감을 감염시켜라

● 웃는 얼굴의 감염 효과 ●

"나는 정말로 행복한 사람이라고 생각해."
"지금도 기적같이 느껴지는데, 내 부탁을 들어줘서 고마워."

사람의 마음이 열린 상태란 과연 어떤 때를 의미할까? 바로 '행복한 상태'일 때이다.

사람은 행복한 기분이 들 때 자연스럽게 마음이 열려서 타인에게 친절해지고 돕고 싶은 마음이 높아지며 다른 사람이 하는 말을 순순히 따르려고 한다.

따라서 상대방을 설득하는 데 성공하고 싶다면 일단 상대방을 행복한 상태로 만드는 것이 선결 과제다. 상대방을 행복한 상태로 유지시켜야 내가 하는 말도 쉽게 받아들일 것이기 때문이다.

그럼 어떻게 해야 상대방을 행복한 상태로 만들 수 있을까? 매우 간단하다. 나부터 싱글벙글 웃는 얼굴을 보여 주면 된다. 내가 웃는 얼굴을 보여 주면 상대방도 영향을 받아서 미소 짓는다. 또 웃는 얼굴을 보여 주면 마음도 끌려서 행복해진다.

암스테르담 대학교의 애닉 브루트(A. Vrugt)는 남녀 대학생에게 부탁하여 쇼핑몰에서 쇼핑하는 고객들에게 말을 걸게 했다. 학생들은 동물보호단체에서 나온 사람이라고 자기를 소개한 후에 모금을 제안했다.

브루트는 절반 정도의 쇼핑몰 고객들에게는 웃는 얼굴로 접근해서 말하라고 미리 학생들에게 부탁했다. 그리고 그들이 다가가서 말을 거는 장면을 10미터 정도 떨어진 장소에 있는 다른 관찰자가 몰래 관찰했다.

그러자 학생이 웃는 얼굴로 다가간 경우에는 64.9퍼센트의 고객도 웃어 줬다고 한다. 이처럼 미소는 미소를 이끌어 내는 효과가 있다. 또한 웃어 준 고객에게 "기부하시겠어요?"라고 부탁하자 51.3퍼센트가 흔쾌히 응했다고 한다.

그 다음으로 학생들은 최대한 무표정으로 쇼핑몰 고객들에게 다가갔다. 그러자 이번에는 64.7퍼센트가 무표정이었다고 한다. 자신이 무표정이면 상대방도 무표정한 태도를 취한다. 또 이때는 모금을 부탁해도 29.3퍼센트만 응했다고 한다. 웃었을 때와 비교하면 절반 정도만 기부에 응한 것이다.

남편이나 아내에게 뭔가를 부탁할 때는 일단 웃으면서 말을 걸자. 그러면 분명히 내 말을 들어줄 확률이 올라갈 것이다.

"뭐예요? 당신 무슨 일 있어요? 왜 싱글싱글 웃는 거예요?"
"아니, 난 행복한 놈이구나 싶어서."
"바보 같은 소리 그만하고 빨리 저녁 먹어요."
"알았어. 그런데 내가 새 골프 클럽을 사고 싶은데 괜찮을까?"
"뭐, 괜찮아요."
"오, 고마워! 역시 난 행복한 놈이야!"

이런 느낌으로 나 먼저 웃으면서 부탁하면 상대방도 좀처럼 'NO'라고 말하기 어려워진다. 웃는 얼굴로 행복한 상태가 된 사람은 다른 사람의 부탁을 쉽게 거절하지 못한다.

참고로 내가 웃는 얼굴을 보여 주면 불과 30초 만에 상대방도 웃어 준다는 데이터도 있다. 이는 스웨덴 웁살라 대학교의 울프 샌드버그(Ulf Sandberg)가 실험으로 밝혀냈는데, 우리는 웃는 사람의 사진을 보면 불과 30초 만에 저절로 따라 웃는다고 한다.

웃는 얼굴의 감염 효과는 매우 강력하다. 내가 웃으면서 30초만 이야기하면 상대방도 따라 웃는다. '아, 상대방도 웃기 시작했구나'라고 느낀 후에 용건을 말하면 일단 단번에 거절당하는 일은 없을 것이다.

KEY POINT ─────────────────────────────
웃는 얼굴에는 마음을 열게 하는 힘이 있다.

아무리 엄격한 사람도
칭찬 앞에 장사 없다

● 칭찬의 함정 효과 ●

"세상에서 가장 멋진 당신께 부탁해요. 오늘 밤엔 외식하러 가요."
"관대한 당신, 역시 당신은 나폴레옹보다 남자답네요."

상대방을 설득할 때는 우선 기분을 좋게 만들어야 한다. 사람은
마음이 쾌적한 상태여야 움직이기 때문이다. 기분을 좋게 하는
작전 중 하나가 '웃는 얼굴을 보여 주는' 것이라고 했는데, 또 다
른 방법을 알려 주겠다.

　바로 '칭찬'이다. 누구나 칭찬을 받으면, 기분이 좋아진다. 설
령 그게 농담이라 해도 기분이 그리 나쁘지는 않다. 칭찬을 받으

면 그냥 기쁘다.

텍사스 대학교의 테드 휴스턴(T. L. Huston)은 펜실베이니아 주
에서 혼인 신고를 한 145명을 13년에 걸쳐서 추적 조사하여 어
떤 부부가 주로 이혼하는지 조사했더니 서로 욕하는 부부였다
고 한다. 반대로 상대방에게 애정을 표현하거나 서로 칭찬하는
부부는 이혼하지 않았다.

상대방을 칭찬해 주면 부부관계가 원만해진다. 그런 부부라
면 당신이 무슨 부탁을 해도 상대방은 당신의 부탁을 들어줄
것이다.

"어머, 당신. 결혼 전보다 더 멋있어졌네요?"

이런 느끼한 말을 해서 상대방의 기분을 좋게 만들자. 그런 다
음 "옆집의 ○○ 씨도 아이를 학원에 보내는데, 우리 애도 학원
에 보내면 어떨까요?"라고 부탁하면, 남편도 싫다고 하지 않을
것이다.
기분이 좋은 상태인 사람은 거절하는 말을 잘 할 수 없다. 텍

사스 A&M 대학교의 샬린 뮈렌하드(C. L. Muehlenhard)는 남성이 여성을 칭찬한 후에 전화번호를 묻거나 데이트 신청을 하면 그에 응할 확률이 높아진다는 사실을 실험으로 확인했다.

상대방에게 부탁하고 싶다면 우선 충분히 칭찬해야 한다. 이 규칙을 제대로 지키면, 웬만한 사람들은 여러분의 부탁을 들어준다.

특히 대부분의 남성은 칭찬이 서투르다. 그중에서도 자신의 아내에게 칭찬하기를 거북해하는 사람이 많다. '잡은 물고기에 먹이를 주지 않는다'는 말까지 있는데, 사귀는 동안이면 몰라도 결혼하면 칭찬을 거의 하지 않는다. 그런 탓인지 아내에게 뭔가를 부탁해도 매몰차게 거절당하기 일쑤다.

아내를 칭찬하려고 하면 쑥스럽다. 그렇지만 충분히 칭찬해 주면 내 부탁을 거절할 가능성이 낮아진다는 장점이 있으므로 평소에 칭찬하는 버릇을 들이는 편이 좋다. 한 번 버릇을 들여 놓으면, 어느새 부끄럽지 않고 자연스럽게 칭찬할 수 있다.

"세상에서 가장 멋진 당신에게 부탁합니다. 오늘 저녁에는 고기를 구워 먹을 수 없을까요?"라고 웃으면서 농담조로 부탁하면, 아내도 웃으면서 고기를 구워 준다. 그렇지 않고 느닷없이

상대방에게 부탁하고 싶다면 우선 충분히 칭찬해야 한다.

"고기가 먹고 싶어"라고 불쑥 말을 꺼내니까 "어머, 오늘 저녁 반찬은 이미 정해 놔서 안 돼요"라며 거절당하는 것이다.

그러나 칭찬을 하고 나서 부탁을 하면, 설령 오늘 저녁 반찬거리를 이미 사 놨다고 해도 "어쩔 수 없네요"라고 입으로는 말하면서도 분명 여러분이 부탁한 것을 사러 슈퍼마켓에 가게 된다. 인간은 그런 동물이다.

또한 상대방을 칭찬할 때는 어설프게 칭찬하면 오히려 부끄러워지므로 과장스럽게 칭찬하는 것이 중요하다.

아내를 칭찬할 경우에는 "당신은 클레오파트라보다 훨씬 아름다워요", 남편을 칭찬할 경우에는 "당신은 나폴레옹보다 훨씬 남자다워요"라는 식으로 말한다. 과장스러운 말로 칭찬해야 자신도 부끄럽지 않다. 농담으로 완곡하게 표현해도 칭찬은 칭찬이기에 충분히 효과적이다.

KEY POINT

어설픈 칭찬보다는 과장스러운 칭찬이 덜 부끄럽고 효과도 좋다.

20

관심을 공유하면
마음도 너그러워진다

● 공유의 법칙 ●

"주말에 자원봉사 하러 가지 않을래? 이웃과 친해질 수 있어."
"부부가 등록하면 할인해 준다는데, 헬스클럽에 다니지 않을래요?"

만약 부부 관계가 원만하면 서로 대부분의 부탁을 들어준다. 그
러면, 어떻게 해야 부부 관계를 원만하게 유지할 수 있을까? 바
로 함께 할 수 있는 활동을 공유하는 것이다.

뉴욕 주립 대학교의 아서 아론(A. Aron)은 신문을 통해 모집한
112쌍의 부부에게 "여러분은 공유하는 활동이 있습니까?"라고

질문하면서 결혼 만족도에 대해서도 물었다. 그러자 함께 활동하는 경우가 많은 부부일수록 부부 사이가 원만하며 만족도가 높다는 사실이 밝혀졌다.

우리는 뭔가를 함께 하면, '동료 의식'이 싹터서 끊으려야 끊을 수 없는 관계를 형성한다. 일반적으로 '취미를 통해서 알게 된 부부일수록 잘 지낸다'고 말하는 것도 같은 취미를 공유해서 즐기면 친밀감과 만족감이 높아지기 때문이다.

혼자서만 골프를 치러 가지 말고 아내와 함께 가면 어떨까?
혼자서만 낚시 하러 가지 말고 아내도 자신의 취미에 끌어들이면 어떨까?
아내가 다니는 요리 교실에 당신도 함께 참여하면 어떨까?

그런 식으로 활동을 공유하면 할수록 부부 사이가 좋아지며 서로가 대부분의 부탁을 기꺼이 들어준다.
생각해 보면 자영업자 중에 부부 둘이서 운영하는 가게가 꽤 많다. 그런 부부일수록 사이가 좋다. 서로 각자의 회사에서 다른 일을 하는 맞벌이 부부와 비교하면 훨씬 사이가 원만하다.

그 이유는 무엇일까? 같은 일을 함께 하고 있기 때문이다.

만약 부부가 평일에 서로 다른 일을 하고 있다면 주말에는 더욱 더 함께 할 수 있는 공통의 취미를 만들자. '주말만큼은 집에서 편하게 쉬고 싶다'는 마음은 잘 알겠지만, 그래도 부부가 함께 할 수 있는 취미를 가져야 한다.

캘리포니아 대학교 대학원의 샬럿 라이스먼(C. Reissman)은 부부 53쌍에게 과제를 하나 내줬다. 그 내용은 10주에 걸쳐서 부부가 함께 어떠한 공동 작업을 하기 바란다는 부탁이었다. 공동 작업의 종류는 스스로 결정해도 되었기 때문에 부부들은 저마다 스키나 하이킹, 콘서트에 가기로 했다.

10주 후 부부들이 다시 모였고 결혼 만족도를 재조사했다. 그 결과, 결혼 생활에 대한 만족도가 공동 활동을 하기 전보다 한층 더 높아졌다는 사실이 증명되었다.

나도 엉뚱한 일로 아내와 함께 지역 봉사 활동 모임에 참가하게 되었다. 쓰레기를 줍거나 잡초를 뽑는 활동인데, 부부가 함께 하니 사이가 그 전보다 더 좋아졌다.

부부 사이가 좋아지자 "친구와 술 한 잔 마시고 올게"라고 하면 인상을 찌푸렸던 아내가 이상하게도 아무 말도 하지 않게 되었다. 어슬렁거리다 놀러 나가도 비난하지 않는다.

부부가 함께 할 수 있는 활동을 찾아보자. 부부 사이가 좋아지면 웬만한 부탁쯤은 허락해 주게 될 것이다.

KEY POINT ────────────────────────

'동료 의식'이 강할수록 관계도 깊어진다.

두 번까지는 OK,
세 번 이상은 NO

● 샌드위치법 ●

"저번에 한 얘기인데, 역시 어떻게 안 될까?"
"얼마 전에도 말했지만 도저히 포기할 수 없어."

어떤 부탁은 한 번만 말해서는 들어주지 않는 경우가 있다. 그런데 똑같은 부탁이라도 다른 날 다시 하면 이번에는 무슨 이유인지 의외로 쉽게 받아들여지기도 한다.

이렇게 며칠을 건너 뛰어 두 번 부탁하는 방법을 '샌드위치법'이라고 한다.

회사 생활을 할 때도 처음 부탁했을 때는 문전박대를 당했지만 며칠 지나서 두 번째로 부탁했을 때는 흔쾌히 들어주기도 한다. 얼핏 이상하게 들릴지 모르지만, 그런 사례가 굉장히 많다.

샌드위치법을 사용할 때는 이메일을 적절히 활용하면 좋다.

예를 들어, 얼굴을 마주 보고 아내에게 뭔가를 부탁했다가 거절당했다면 잠시 시간을 두고 이번에는 이메일로 부탁해 본다. '아까 한 얘기 말인데, 정말 안 되는 걸까?'라는 문장을 이메일로 보내면 '알았어요'라는 답신이 도착하는 경우가 꽤 있다.

텍사스 대학교의 캐리 스티븐슨(K. K. Stephens)은 샌드위치법을 실험으로 확인했다.

대학생 148명을 대상으로 하여 '대학교의 취직 지원 서비스를 받아 달라'고 한 번만 부탁하는 것보다 얼굴을 마주 보고 한 번 부탁한 뒤 이메일로 다시 한 번 부탁했을 때 '알겠다'고 대답하는 확률이 올라갔다.

얼굴을 마주 보며 몇 번씩 쉴 틈도 주지 않고 부탁하면 상대방을 질리게 해서 '그 이야기는 이제 그만해!'라고 반응하게 할 위험성이 있다. 그런 점에서 이메일은 매우 편리하다.

얼굴을 마주 보고 두세 번씩 부탁하면 집요하고 끈질기다는 느낌을 주지만, 이메일로 부탁하면 집요함이 그다지 느껴지지 않는다.

일단 얼굴을 마주 보고 부탁해 본다. 이때 거절당하면 조금 시간을 두고 이메일로 다시 한 번 부탁해 본다. 이렇게 두 가지 방안을 마련하면 좋다. 만약 두 번째도 거절당하면? 다시 며칠의 시간을 두고 세 번째 부탁까지는 해도 괜찮다. 다만 또다시 실패하면, 그때는 포기하는 편이 좋을 듯하다.

대부분의 경우, 두 번이나 부탁하면 성공하기 마련이다. 그런데도 실패했다면, 세 번, 네 번, 다섯 번씩 부탁한다 해도 잘 될리가 없다. 오히려 상대방이 더 완강한 태도를 보일 위험성이 높아질 뿐이다. 따라서 세 번 정도 부탁해 보고 안 되면 포기하는 것이 어른다운 대응이라고 할 수 있다.

고백할 때도 같은 사람에게 두세 번 정도까지는 고백해도 되지만, 네다섯 번이나 고백하면 스토커로 의심을 받기 십상이다. 그 상태에서 성공할 가능성은 전혀 기대할 수 없다.

한 번 거절당했다고 해서 그 즉시 포기할 필요는 없다. 이메일

이든 편지든 전달 수단을 바꿔서 다시 한 번 도전해 보자. 샌드
위치법을 활용해서 부탁하면 성공하는 경우도 있기 때문이다.
그러나 도전은 최대 세 번까지다. 그 이상은 시끄럽게 부탁하지
않는 편이 좋다.

　마찬가지로 평소에 부부 사이가 원만할 경우 두 번이나 부탁
하면 충분하다. 그래도 부탁을 들어주지 않으면 평소 부부 사이
를 다시 한 번 살펴봐야 할 수도 있다. 부부 사이가 좋지 않은 탓
에 부탁을 들어주지 않을 가능성이 높기 때문이다.

KEY POINT ————————————————

한 번 부탁해서 안 되면 두 번 부탁하고, 그래도 안 되면 포기하라.

그럴 듯한 '배경 에피소드'가
철통 경계를 무너뜨린다

● 에피소드 설득 ●

"부끄러운 이야기지만, 어린 시절 트라우마가 아직 남아 있어."
"받아들이기 어려운 조건일 수도 있는데, 사실은 이런 사정이 있어."

무엇인가 부탁할 일이 있을 때는 단지 부탁하는 말만 하고 말면
안 된다. 그 배경이 되는 에피소드까지 곁들여 말하면 완고한 상
대방도 흔쾌히 받아들이는 경우가 많다.

이를 심리학에서는 '에피소드 설득'이라고 부른다.

에피소드를 말하면 상대방의 마음에 영향을 줘서 쉽게 설득할

수 있다.

예를 들어, "무청을 버리지 마"라고 아내에게 부탁한다고 하자. 이때 단순히 "무청 부분을 버리지마. 아깝잖아!"라고만 말해서는 아내가 좀처럼 수긍하지 않을 수 있다. 무청에도 영양소가 있는 것 정도는 알고 있지만 맛이 써서 자신은 별로 좋아하지 않을지도 모르기 때문이다.

하지만 "무청을 버리지 마"라고 말한 후에 다음과 같은 에피소드를 이어 말하면 어떻게 될까?

"당신도 알고 있겠지만, 난 어렸을 때 엄청 가난하게 살았잖아. 그래서 채소 가게 주인도 다른 집에서 먹지 않고 버리는 무청을 우리에게 공짜로 줬거든. 살림살이가 어려웠던 터라 그것만으로도 굉장히 기뻤어. 그래서 나한테 무청은 진수성찬이야. 어려움을 모르고 자란 당신은 공감하지 못할 수도 있지만, 나를 위해서라도 무청을 버리지 말아 줘."

이런 에피소드를 듣고 나면 아내도 무청을 음식물 쓰레기통에 쉽게 버리지 못할 것이다.

에피소드가 감동적일수록 잘 설득할 수 있다.

영국 카디프 대학교의 로즈 톰슨(R. Thompson)은 에피소드 설득이 매우 효과적이라는 점을 실험으로 검증했다.

톰슨은 '친구를 소중히 여겨야 한다', '친구를 위해서는 목숨도 바쳐야 한다'고 매우 평범하게 설득하는 조건과 어떤 남자아이와 애완견의 우정을 그린 에피소드를 읽게 하는 조건을 두고 설득 효과에 차이가 있는지 조사해 봤다.

그러자 추상적으로 우정의 소중함을 설명하는 것보다 오히려 이야기를 읽게 해서 넌지시 우정의 소중함을 설명한 쪽이 설득 효과가 크게 높아진다는 사실이 밝혀졌다고 한다.

오늘날에도 이솝 우화가 인기 있는 이유는 다양한 우화를 통해서 아이가 사회의 규칙이나 상식의 중요성을 배울 수 있기 때문이다. 만일 이솝 우화에 추상적인 교훈만 쓰여 있다고 하면 아무도 읽지 않을 것이다. 우화이기에 많은 사람이 기꺼이 읽고 또 그 내용을 이해하는 것이다.

따라서 설득할 때는 에피소드를 섞는 방법이 효과적이다. 특히 에피소드가 자신이 어필하고 싶은 주제와 잘 맞아떨어지면, 틀림없이 상대방의 마음을 움직일 수 있을 것이다.

좋은 이야기일수록 사람의 마음을 움직이는 힘이 있다.

원래 인간은 추상적인 논의를 잘 이해하지 못한다. 그러나 에피소드는 매우 구체적이고 선명한 인상을 줄 수 있다. 머릿속에 선명한 인상이 떠오르므로 마음도 움직인다.

학생을 잘 가르치는 학교 선생님은 추상적인 이야기뿐만 아니라 그 이야기에 구체적인 에피소드를 다양하게 섞어서 이야기하는데, 이 또한 일종의 에피소드 설득이라고 할 수 있다.

아무리 결혼했다고 해도 배우자는 당신이 왜 사소한 일에 집착하는지 잘 모른다. 애당초 타인이기에 집착까지는 알지 못하는 것이 보통이다.

그럴 때는 "일단 그렇게 해 줘!"라고 억지로 설득하기보다 자신이 사소한 일에 집착하는 이유에 관한 에피소드도 함께 말해 주면 좋다.

KEY POINT
좋은 이야기일수록 사람의 마음을 움직이는 힘이 있다.

사람의 마음속
'청개구리 심리'를 이해하라

"너는 안 해도 돼. 절대로 하면 안 돼."
"네가 중독될 만큼 즐거운 일은 알려주지 않을 거야."

《톰 소여의 모험》 내용 중에 폴리 이모가 톰에게 페인트칠을 명령하는 장면이 있다.

톰은 페인트칠을 하고 싶은 마음이 전혀 없는데, 폴리 이모는 톰에게 페인트칠을 시키고 톰이 게으름 피우지 않도록 친구 벤에게 감시해 달라고 부탁한다.

이때 톰은 한 가지 계략을 세운다. 마치 페인트칠이 매우 즐거운 일인 듯 흥얼거리며 페인트칠을 하기 시작한다. 그리고 벤에게는 "너한테는 절대 페인트칠을 안 시켜 줄 거야!"라고 말한다.

그러자 어떻게 됐을까? "안 시켜 준다"는 말을 들은 벤은 페인트칠을 해 보고 싶어서 참을 수가 없다. 그리고 톰에게 몇 번이고 부탁해서 겨우 페인트칠을 하게 된다.

이렇게 해서 톰은 귀찮은 페인트칠을 벤에게 떠맡기는 데 성공한다.

남편이 육아를 전혀 도와주지 않으면 "당신도 좀 도와줘요!"라고 부탁하지 말자. 오히려 "당신한테는 이렇게 재미있는 일을 시켜 주지 않을 거예요"라고 톰의 작전을 따라해 보면 어떨까?

자신이 매우 즐거운 듯이 육아를 하는 모습을 보면 남편도 벤과 마찬가지로 하고 싶어져서 "잠깐만, 기저귀 갈아 주는 일을 나한테도 시켜 줘"라고 반대로 부탁해 오지 않을까?

우리에게는 청개구리와 같은 면이 있어서 "○○하지 마"라고 하면 그와 반대되는 행동을 하고 싶어지는 심리 경향이 있다. 이를 심리학에서는 '아이러니 효과'라고 부른다.

미국 디먼 칼리지의 심리학자 리처드 심바로(R. S. Cimbalo)는 단어 60개를 외우게 하는 실험에서 절반의 그룹에게는 '잊어 달라'고 부탁했다. 그러자 '잊어 달라'고 부탁한 것과 상관없이 64.8퍼센트나 되는 사람이 정확히 기억했다고 한다.

반대로 '정확히 외워 달라'고 부탁한 그룹에서는 60.6퍼센트 만 기억했다. 역설적으로 '외워 달라'고 부탁하면 쉽게 잊어버리고, '잊어 달라'고 부탁하면 잘 기억한 것이다.

아내나 남편이 집 청소를 제대로 하지 않는다면 "청소 좀 하는 게 어때?"라고 말하지 말고 나부터 즐거운 듯이 청소해 보면 좋다. 내가 즐겁게 청소하는 모습을 보여 주며 "청소는 재밌어. 당신은 안 해도 돼"라고 하면 어느 순간 "도와줄까요?"라고 말을 걸어올지도 모른다.

집 마당 텃밭을 가꾸는 데 도움을 받고 싶어도 "당신은 안 해도 돼"라고 정반대의 말을 해 두면 물주기를 도와주거나 비료 옮기는 일을 도와줄지도 모른다.

물론 어쩌면 도와주지 않고 청소이든 텃밭일이든 온전히 내 담당이 되어 버릴 가능성도 있다. 여기서 핵심은 애초에 기대하지 않으면 상대방이 도와줬을 때 매우 기분이 좋다는 것이다.

그것만으로도 관계가 개선되고, 그러면 또 언젠가는 기꺼이 도와줄 것이다.

이 설득법이 항상 반드시 성공하는 것은 아니지만, 늘 강하게 뭔가를 요구하기보다 반대로 '○○하지 않아도 된다'는 설득법도 있다는 것을 하나의 기술로 익혀 놓으면 좋다.

'밀어도 안 되면 당겨 보라'는 말이 있는데, 정말로 그 말이 맞다. 사람의 마음은 계속 미는 동안에는 꿈쩍도 하지 않았는데, 반대로 당겼을 때 쉽게 움직이는 경우가 종종 있다.

KEY POINT

밀어서 안 되면 당겨 보고, 당겨서 안 되면 밀어 보라.

최후 수단은
'눈물 작전'밖에 없다

● 언더독 효과 ●

"정말로 미안해! 순간적인 실수였어, 용서해 줘! 이렇게 부탁할게!"
"진심으로 죄송합니다. 두 번 다시 안 할게요. 믿어 주세요."

정치가는 투표일 전날이 되면 이른바 '눈물 작전'을 사용한다. 눈물을 흘리면서 "아무쪼록 저에게 투표해 주십시오"라고 어필하는 방법이다.

우리는 눈물을 흘리며 간절히 호소하면 자기도 모르게 정에 이끌려서 그 사람의 말을 들어준다. 불쌍한 사람에게는 도움의 손길을 뻗고 싶어지는 것이 인지상정이다.

이렇듯 불쌍한 사람을 연출하여 상대방에게서 도움을 이끌어 내는 것을 심리학에서는 '언더독 효과'라고 부른다.

언더독이란 강에 떨어진 개를 뜻하는데, 강에 떨어져서 곤란을 겪는 개를 막대기로 때리는 사람은 없을 것이다. 보통은 도움의 손길을 뻗는다.

네덜란드에 있는 틸버그 대학교의 미셸 핸드릭스(M. C. P. Hendriks)도 눈물을 흘리며 불쌍한 상황에 처한 사람에 관한 문장을 읽게 했더니 문장을 읽은 사람은 그 불쌍한 사람을 도와주고 싶어진다는 사실을 확인했다.

남편이나 아내에게조차 울며 호소하는 행동은 보기 흉할 수도 있다. 하지만 어떻게든 상대방을 설득하고 싶으면 최종 수단으로 '눈물 작전'을 실행하는 수밖에 없다. 만약 눈물 작전으로도 설득할 수 없다면, 차라리 결혼 생활을 유지할 것인지 다시 생각해 보는 편이 좋다.

폭력을 휘두르거나 술을 달고 사는 등 남편의 문제 행동을 개선시킬 때는 평범하게 설득하면 효과가 없을지도 모른다. 이럴 경우에는 눈물로 호소하는 방법밖에 없다. 그래도 행동을 개선

하지 않는다면 안타깝지만 그 사람과의 관계를 포기하는 것이 옳다. 눈물을 흘리며 호소해도 안 된다면 다른 어떤 방법을 써도 소용없다.

다 큰 어른이 눈물을 흘리는 행동에 거부감이 들 수 있다. 그렇지만 우는 모습을 보여 주면 '그 정도로 자신이 힘들다'는 사실을 상대방에게 직접적으로 이해시킬 수 있다. 자신이 얼마나 힘든지 입으로 말하지 않아도 눈물 하나로 상대방에게 전할 수 있다.

일반적으로 눈물은 여성의 무기라고 생각하는 경향이 강하다. 물론 남성이 사용하면 안 된다는 규칙이 있는 것도 아니며, 남성이 눈물 작전을 사용해도 똑같이 효과적이다.

'대성통곡 의원'으로 매스컴을 떠들썩하게 한 노노무라 류타로 의원은 그토록 큰소리로 울부짖었는데도 실패하지 않았냐고 하는 독자가 있을 수도 있다. 하지만 그 경우에는 노노무라 의원의 눈물이 지나치게 작위적이었기 때문이다. 결코 눈물 작전 자체가 나쁜 전략이어서가 아니다.

아내에게 외도 행각이 들통났을 때조차 만약 그것이 처음이

불쌍한 사람에게는 도움의 손길을 뻗고 싶어지는 것이 인지상정이다.

라면 아내 앞에 무릎을 꿇고 울며 사죄하면 용서해 줄지도 모른다.

뻔뻔스럽게 정색하기보다 "정말로 미안해! 순간적인 실수였어, 용서해 줘! 이렇게 부탁할게!"라고 눈물을 보이며 코가 땅에 닿도록 사죄하면 어떻게든 그 상황에서 벗어날 수 있지 않을까?

한심하기 짝이 없지만, 그 정도로 한심한 모습을 보여야 아내의 분노를 조금이나마 잠재울 수 있을 것이다.

KEY POINT

눈물을 흘리며 간절히 정감에 호소하면 궁지에서도 벗어날 수 있다.

어떻게 말하면
상대를 바라는 대로
행동하게 할까

자신이 직접
결단한 것처럼 믿게 하라

● 미스티피케이션 ●

"○○는 나중에 커서 의사 선생님이 될 거지?"
"네가 커서 변호사가 된다면 아빠는 기쁠 거야."

아이에게 자신의 꿈과 희망을 주입하는 방법을 '미스티피케이션(mystification)'이라고 한다. 결국은 부모의 사정에 맞춰서 아이를 유도하는 방법이므로 악용하면 곤란하지만, 아이를 움직이게 하는 기술 중 하나로서 알맞게 사용하면 좋다.

아이라는 존재는 아직 자아가 완전히 확립되지 않은 탓에 기억력과 판단력이 모두 약하다. 그래서 부모가 몇 번씩 말한 것을 마치 '자기 스스로 생각한 것처럼', '자기 스스로 결단한 것처럼' 믿어 버린다.

'미스티피케이션'이란 매사를 이해하기 어렵게 한다는 의미인데, 아이는 부모에게서 몇 번이고 들은 말을 어느 순간 자기 것으로 받아들인다.

"○○는 나중에 커서 의사가 될 거지?"
"○○는 게임 따위 안 하는 걸?"
"○○는 피아노를 매우 좋아하지?"

이런 말을 반복하면 아이는 그 말이 부모의 유도인지, 아니면 자신이 그렇게 생각했는지 알지 못한다. 그리고 자신의 희망인 것처럼 굳게 믿는다.

물론 아이의 희망과 부모의 희망이 완전히 일치하면 더할 나위 없이 좋다. 아이가 진심으로 피아노를 좋아해서 부모가 "○○는 정말로 피아노를 좋아하는구나"라고 하는 경우라면 서로간에 뜻이 잘 맞는 것이니 다행이다. 아이는 피아니스트가 되기 위해서 엄청난 노력을 기꺼이 할 것이다.

필자도 어릴 때부터 글쓰기를 좋아해서 부모님으로부터 "너는 장래에 작가가 될 거야"라는 말을 끊임없이 들었다. 초등학교 졸업 문집에도 '장래 희망'에 '작가'라고 확실히 적어 놨다. 그래서 나는 작가가 되는 것을 조금도 의심하지 않았고, 결과적으로 내 희망을 이룰 수 있었기에 부모님에게 매우 감사하고 있다.

하지만 내가 작가가 된 것이 부모님의 미스티피케이션이었는지, 아니면 자발적으로 작가가 되기를 바랐는지 물으면 확신이 서지 않는다. 결과적으로 잘됐다고 생각할 뿐이다.

부모로서 아이에게 이런저런 기대를 거는 것은 당연하다. '장래에는 변호사가 되기를 바란다'고 생각한다면 그 생각을 아이에게 전하는 것이 좋다. "네가 커서 변호사가 된다면 아빠는 기쁠 거야"라는 식으로 말하면 된다.

그러나 미스티피케이션을 사용해서 아이의 마음을 유도하는 것은 바람직하지 않다. 따라서 만일 "○○는 책 읽기를 매우 좋아하지?"라고 유도해도 아이가 마지못해 하는 듯한 기색을 보이면 미스티피케이션을 그만둬야 한다. 억지로 시켜도 어차피 아이가 성장해서 판단력이 생기면 부모의 말대로 행동하지 않기 때문이다.

　또한 아이의 가능성을 한 가지로 제한하지 말고 많은 가능성이 있다는 사실을 알려주는 것도 중요하다.

　이를테면 아이가 말 그림을 그리는 것을 좋아한다면 "○○는 화가가 되고 싶구나"라고 한 가지 가능성만 유도하기보다 "말을 좋아하니까 수의사가 될 수도 있겠다," "경마 기수가 되어서 멋진 경기를 할 수 있을지도 몰라"와 같이 다양한 가능성을 동시에 알려주도록 해야 한다.

KEY POINT

사람은 똑같은 말을 계속 듣는 동안 그 말대로 되고 싶은 마음이 든다.

기대를 걸면
기대에 부응하려고 한다

● 피그말리온 효과 ●

"이 아이는 분명히 똑똑해질 거야."
"○○는 매우 순수하고 착한 아이로 자랄 거야."

너무나도 유명한 이야기라서 많은 사람이 이미 알고 있을 수도 있는데, 교육심리학에서는 '피그말리온 효과'라고 부르는 현상이 있다.

피그말리온은 그리스신화에 나오는 왕의 이름으로, 그가 어떤 여성의 조각상을 보고 '이 얼마나 아름다운 여성인가!'라며 마음속으로 끊임없이 생각했더니 그 조각상이 인간으로 변했다는 이야기가 있다. 피그말리온 효과는 이 신화와 연관 지어서 이름을 붙인 심리학 용어다.

부모나 선생님이 '이 아이는 나아질 거야'라고 마음속으로 생각하기만 해도 정말로 아이의 머리가 좋아진다. 거짓말이 아니라 진짜다. 반대로 '이 아이는 별 볼일 없는 어른이 되겠구나'라고 마음속으로 생각하면 어쩐지 아이가 불량해진다.

부모나 선생님이 어떤 기대를 가지면 아이는 그 기대대로 자란다. 피그말리온 효과는 이처럼 매우 무섭다.

성격이 밝은 아이가 되기 바란다면 마음속으로 '이 아이가 밝게 자라게 해 주세요'라고 기대하면 된다. 그러면 아이는 정말로 밝은 아이로 성장한다.

그러나 대부분의 부모는 '나도 내성적이라서 이 아이도 분명히 수수한 인생을 보내겠지?'라고 부정적인 기대를 갖는 경우가 많다. 그래서 아이는 수수하고 눈에 띄지 않는 아이가 된다.

히브리 대학교의 엘리샤 바바드(E. Y. Babad)는 아이가 부모의 기대를 비추는 거울과 같은 존재이며 부모가 바란 대로 성장한다고 지적했다.

사람은 자신이 신뢰하는 사람의 기대에 부응하는 방향으로 행동한다.

'이 아이는 분명히 손재주가 좋을 거야'라고 생각하면 정말로 손재주가 좋아져서 종이접기든 공작이든 훌륭한 작품을 만든다.

'이 아이는 분명히 똑똑해질 거야'라고 생각하면 정말로 아이의 학교 성적이 우수해진다.

만일 아이가 말귀를 잘 알아듣지 못해서 부모인 당신이 하는 말을 전혀 듣지 않는 문제아라면, 그 이유는 당신이 그렇게 생각하기 때문이다.

'이 아이는 말귀를 잘 알아듣지 못한다'고 생각하는 탓에 정말로 말귀를 잘 알아듣지 못하는 아이가 되는 것이다.

'이 아이는 매우 솔직한 아이가 될 거야'라고 바라면 피그말리온 효과가 작용해서 정말로 솔직한 아이로 변화하지만, 나쁜 기대를 갖고 있기 때문에 시간이 흘러도 말귀를 잘 알아듣지 못한다.

대부분의 부모는 '여성은 숫자에 약하다'는 이상한 고정관념을 갖고 있다. 그래서 자신의 딸에게도 '숫자는 약하겠지'라는 기대를 갖는다. 그러면 정말로 딸은 숫자에 약해진다.

독일 만하임 대학교의 요하네스 켈러(J. Keller)는 "감정적 지능은 일반적으로 여성이 높습니다"라고 남학생들에게 알려준 후 지능을 측정했더니 정말로 지능 검사에서 나쁜 점수를 받았다는 사실을 증명했다.

하지만 다른 조건에서는 "감정적 지능은 여성이 높다고 하는데, 과학적인 연구에 따르면 차이가 없다는 것을 알 수 있습니다"라고 알려준 후 지능을 측정했더니 이번에는 좋은 점수를 받았다고 한다.

아이를 성장시키고 싶다면 좋은 기대를 걸어야 한다. 나쁜 기대를 갖고 있으면 정말로 아이가 나쁜 방향으로 나아간다. 최대한 좋은 기대를 거는 것이야말로 부모의 도리다.

KEY POINT

아이는 부모의 기대를 먹고 자란다. 그것이 긍정적이든, 부정적이든.

결론을 강요해서
미리 문을 닫지 마라

● 결론 유보법 ●

"뭔가 해 보고 싶은 운동이 있어?"
"대학 진학까지 고려하면 어느 고등학교가 좋을까?"

누구든지 무조건 '이래라 저래라' 명령을 받으면 불쾌해지지 않는가? 이는 아이도 마찬가지다. 아무리 아이라고 해도 불합리한 명령만 내리면 부모가 미워서 참을 수 없다.

물론 교육이나 예의범절의 일환으로 아이에게 명령하는 것은 부모의 의무다. 나도 두 아이의 부모이기에 그렇게 너그러운 모습만 보여 줄 수 없다는 것을 잘 안다. 하지만 명령해서 따르게 하는 것은 기껏해야 다섯 살 정도까지이며, 그보다 더 커지면 아이의 자주성을 어느 정도는 존중해야 한다.

현명한 부모는 일방적으로 명령이나 결론을 강요하지 않고 제안이나 질문을 하는 것으로 그치는 방법을 사용한다.

"너는 유도를 해!"

라고 하는 것이 아니라,

"해 보고 싶은 운동이 있니?"
"예를 들면, 유도는 어때?"
"근처에 유도 교실이 있는데, 잠시 견학 가지 않을래?"

라고 제안이나 질문을 한다. 그러면 아이는 결론을 강요당한다고 느끼지 않는다. 자기 자신이 할 일을 자주적으로 결정할 수도 있다.

미국 메릴랜드 대학교의 애리사 존스(A. S. Jones)는 결론을 강요하는 설득법과 결론을 유보하는 설득법의 차이를 검증해서 결론을 단정적으로 강요하기보다 유보했을 때 오히려 상대방이 쉽게 받아들인다는 사실을 알았다고 한다.

참고로 결론 유보법은 광고에도 자주 쓰이는 기술이다. '이 상품이 가장 좋다! 반드시 사야 한다!'라고 하는 것이 일반적인 설득이라고 하면, '어느 상품이 가장 좋은지는 여러분이 잘 아시죠?'라는 식으로 호소하는 것이 결론 유보법이다.

아이를 설득할 때는 일방적으로 단정하지 말고 최대한 결론 유보법을 사용해 보면 어떨까?

"너는 사립 고등학교에 진학해!"라고 결론을 강요하면 아이도 반발하고 싶어진다. 그렇지만 부모가 "대학 진학까지 고려하면 어느 고등학교가 좋을까?"라고만 말하면 아이도 반발하지 않는다. 결론을 강요당하지 않기 때문이다.

특히 아이는 청개구리 같은 마음이 강해서 본인이 마음속으로는 사립 고등학교 진학을 생각하고 있어도 부모가 '사립 고등학교에 가라!'고 하면 오히려 공립 고등학교에 가고 싶어지는 경우가 있다. 아무 말도 하지 않으면 아이는 부모의 희망대로 진학할지도 모르는데, 쓸데없이 말참견을 하는 바람에 그 반대 방향

으로 아이를 쫓아낼 수도 있다. 이것을 '긁어 부스럼 효과'라고
부른다.

부모니까 아이가 염려되어 이것저것 말참견을 하고 싶어지는
마음은 심정적으로 잘 이해할 수 있다. 그러나 그런 마음을 꾹
참고 결론을 강요하지 않는 편이 오히려 좋은 결과를 낳는다.

KEY POINT
**사람은 강요를 받는다는 느낌이 강하면 반대 방향으로 튀어 나갈 가능성이
커진다.**

하나의 부탁을
2단계로 나눠서 부탁한다

● 파고들기법 ●

"5분이면 되니까 걸어 보지 않을래?"
"이제부터 5분은 빨리 걷기를 해 보자."

아이에게 뭔가를 시킬 때는 최대한 작은 일부터 시작하면 좋다. 갑자기 큰일을 시키면 주저하지만, 작은 일이면 선뜻 받아들일 수 있다.

우선 "자기 신발은 가지런히 놓도록 해"라고 이야기하고, 아이가 "알았어요"라고 대답하면 "정리하는 김에 다른 가족들의 신발도 정리해 주면 좋겠구나"와 같이 요구 정도를 조금 끌어올린다.

이런 설득 기법을 '파고들기법'이라고 한다. 작은 부탁으로 일단 '한발을 들여놓도록' 하면 그 후의 설득은 성공할 가능성이 크다.

사우스 캐롤라이나 대학교의 피터 레인겐(P. H. Reingen)은 다음과 같은 조건으로 심장병 협회 모금을 부탁해 봤다.

- 갑자기 모금 얘기를 꺼낸다(큰 부탁을 하는 조건).
- 두세 가지 질문에 대답해 달라고 부탁한다 → 상대방이 응하면 모금도 부탁할 수 있는지 말해 본다(작은 부탁에서 큰 부탁으로 확장하는 조건).

실제로 응답한 사람의 비율은 어느 정도였을까?

레인겐의 실험에서는 갑자기 큰 부탁을 받은 사람들의 19퍼센트만 응답했다. 그러나 "몇 가지 질문에 대답해 주시겠어요?"라는 작은 부탁을 먼저 해 놓는 조건에서는 34퍼센트가 다음 부탁인 모금까지 응했다.

한 가지 부탁으로 끝날 일이라도 일부러 두 단계로 나눈 다음
작은 부탁부터 시작하는 것이 중요하다.

작은 부탁을 해 놓으면 나중에 요구 정도를 끌어올려도 잘 들어준다.

아이가 비만해져서 운동을 조금 시키고 싶다고 하자. 이럴 때는 우선 "5분이면 되니까 걸어 보지 않을래?"라고 제안해서 아이가 그 제안을 따르면 "이제부터 5분은 빨리 걷기를 해 보자"라고 덧붙이면 좋다.

일단 뭔가에 응하면 우리는 뒤로 물러설 수 없다는 마음이 생기는지 두 번째 부탁까지 선뜻 떠맡는 경우가 꽤 있다.

이 파고들기 기술은 직장에서도 평범하게 사용할 수 있다. "잠깐 은행에 다녀 올래요?"라고 부탁한 후에 "돌아오는 길에 문구류도 사다 줘요"라는 방식으로 실행할 수 있다. 매우 편리한 방법이다.

갑자기 큰 요청을 하면 어떻게 될까? "에이, 그런 건 싫어요!"라고 상대방은 조건반사적으로 거절한다. 사실은 그다지 큰 요청이 아닌데도 거절하는 것이다.

반대로 지극히 작은 부탁이라면 조건반사적으로 "좋아요"라고 말한다. 그다지 깊게 생각하지 않고 선뜻 응답한다. 그다음에 조금 더 큰 요청을 해도 '뭐, 괜찮겠지'라며 잘 생각하지 않고 받아들인다.

부탁할 때는 두 단계로 준비하는 작전을 취하자. 한 가지 부탁으로 끝날 일이라도 일부러 두 가지로 나눈 다음 작은 부탁부터 시작하는 것이 중요하다.

KEY POINT ──────────────────────────────

작은 부탁이라도 일단 받아들이면 잇따르는 부탁도 들어준다.

월급은 없지만
열심히 일하라고 하면?

● 강화 이론 ●

"10등 안에 들면 5만 원, 5등 안에 들면 10만 원을 줄게."
"다음 시합에서 홈런을 치면 새 글러브를 사 주마."

아무리 어려운 일이라 해도 그 일을 성취해서 '상'을 얻을 수 있
으면 우리는 고생을 마다하지 않는다.

우리가 열심히 일하는 이유는 무엇일까? 물론 일하는 것 자체
의 재미와 즐거움도 있겠지만, 역시 월급이라는 상이 있기 때문
일 것이다. '월급은 없지만 죽을 만큼 열심히 일해 달라'고 부탁
하면 기꺼이 응할 사람은 없다. 상이 없으면 일할 의욕도 생기지

않는다.

이는 아이도 마찬가지다. 아니, 오히려 아이가 상에 넘어가서 행동할 가능성이 훨씬 크다.

어린이용 통신 교육을 보면, 매달 과제를 정확히 제출할 때마다 포인트가 쌓이는 시스템을 도입한 곳이 많다. 또 포인트가 쌓이면 게임이나 장난감을 얻을 수 있다. 상이 효과적이라는 점을 확실히 알고 있는 것이다.

타산적이라고 여길 수도 있지만, 그래도 상은 효과적이다. 따라서 아이에게 뭔가를 시킬 때는 먼저 상을 준비해 놓아야 한다.

'돈을 주면 오히려 의욕이 생기지 않는다'고 말하는 사람도 있는데, 그 말은 거짓이다. 돈은 의욕을 이끌어 낼 때 매우 강력한 유도제로 작용한다.

이스라엘에서는 매년 '기부를 위한 날'이 있다고 하는데, 이날에는 모든 사람들이 암 환자나 장애인을 위해서 기부금을 모은다. 이스라엘의 심리학자 유리 그니지(U. Gneezy)는 고등학생을 그룹으로 나눈 후 가능한 한 많은 집을 방문하게 해서 모금 활동을 시켰다. 각 그룹에 미리 제시한 조건은 다음과 같다.

첫 번째 조건,

"여러분이 모아 온 기부금의 1퍼센트를 사례금으로 드리겠습니다."

두 번째 조건,

"여러분이 모아 온 기부금의 10퍼센트를 사례금으로 드리겠습니다."

그럼 실제로 고등학생들이 얼마나 열심히 돈을 모았을까? 첫 번째 조건에서는 최종적으로 153.6달러가 모였는데, 두 번째 조건에서는 219.3달러나 모였다.

1퍼센트보다 10퍼센트의 사례금이 당연히 상으로는 많은 금액이다. 이 데이터는 돈을 많이 모으면 그만큼 받을 수 있는 돈도 많아질 것이라고 생각한 고등학생들이 열심히 모금 활동을 했다는 사실을 보여 준다.

상을 주는 행위는 아이에게 나쁜 영향을 주지 않는지 걱정하는 부모도 있을 것이다. 그러나 상의 어떤 점이 나쁜가?

상을 약속해서 아이가 열심히 공부하거나 운동하고 예절 바르게 행동하는 것이 무슨 문제가 있는가? 상을 통해 아이가 훌륭한 어른으로 성장한다면 이보다 더 좋은 일이 어디 있겠는가?

"교내 모의시험에서 10등 안에 들면 5만 원, 5등 안에 들면 10만 원을 줄게"라고 제안하면 아이는 눈에 불을 켜고 공부하기 시작한다.

"다음 시합에서 홈런을 치면 새 배트와 글러브를 사 주마"라고 제안하면 아이도 분명히 힘을 내서 시합에 임할 것이다.

과연 상의 어떤 점이 문제일까?

상이 없으면 어떤 사람이든지 기가 막혀서 도저히 못하겠다고 할 것이다. 상이 있기 때문에 사람은 죽을힘을 다해 열심히 노력할 수 있다.

KEY POINT
자동차의 힘은 휘발유, 사람의 힘은 보상!

자신만 남겨지는 불안을 부추겨서
결단을 재촉한다

● 밴드 왜건 효과 ●

"○○랑 ○○도 어느 학원이 좋은지 알아보기 시작했대."
"절반이 넘는 사람들이 결정했다는군요.
당신도 슬슬 결정해야 되지 않나요?"

어릴 때부터 공부를 엄청 좋아해서 밤잠을 잊을 정도로 공부에 열중하는 아이는 없다고 나는 확실히 단언할 수 있다. 아이들은 대체로 공부하고 싶어 하지 않는다고 나는 생각한다.

그런데 왜 공부할까? '다른 아이가 하니까 어쩔 수 없어서' 공부하는 것이다.

초등학교 고학년이 되면 같은 반 친구들이 학원에 다니기 시작한다. 그 모습을 보면 '슬슬 나도 다녀야겠다'는 마음이 든다. 어디까지나 '모두가 하니까 나도 한다'는 심리다.

이를 심리학에서는 '밴드 왜건 효과'라고 부른다. 밴드 왜건이란 축제 등에서 행렬의 선두에 서는 음악대를 말한다. 흥겨운 나팔을 불고 큰북을 두드리며 사람들을 모으는 것이 일이다.

밴드 왜건 효과란 여기서 생긴 말인데, 군중이 모이면 '모두 모였다면 나도 가야지'라는 마음이 들게 하는 효과를 뜻한다.

백화점 세일 기간에 다른 고객들이 상품을 바구니에 계속 넣는 모습을 보면 자신도 뒤따라서 상품을 구입하는 경우가 있다. 이것도 밴드 왜건 효과다.

거리에서 사람들이 무리를 이루고 있으면 자신도 모르게 그쪽으로 다가갈 때도 있고, 무슨 줄인지도 모르면서 맨 끝에 줄을 설 때도 있다. 이 또한 밴드 왜건 효과다.

사우스 캐롤라이나 대학교의 피터 레인겐(P. Reingen)은 단순히 '모금에 참여해 달라'고 부탁했을 때는 25퍼센트만 응했는데, 8명의 가짜 이름과 성별이 적힌 목록을 보여 주며 "이미 이분들이 모금에 참여해 주셨는데, 당신도 기부하시겠습니까?"라고 부탁했을 때는 43퍼센트나 응했다는 결과를 보고했다.

"모두가 기부해주셨습니다"라는 말과 함께 목록을 보여 주면 우리는 '모두가 한다면 나도 해야겠다'는 마음이 든다.
이런 점이 밴드 왜건 효과의 무서운 점이다.

아이에게 뭔가를 시키고 싶을 때는 같은 반 친구나 학원 친구, 요컨대 친한 사람의 이름을 거론하면서 '모두가 하고 있다'고 어필하면 좋다.
아이가 소풍이나 수학여행을 가고 싶지 않다고 말해도 "모든 학생들이 가는 거야"라고 말하면 혼자서만 불참할 수 없다.

우리 집 장남이 초등학교에 입학했을 때, 매년 여름방학에 교정의 잡초 뽑기 활동이 있다는 정보를 접했다. 사실은 가고 싶지 않았지만, 아내가 '보통 다른 집도 부모와 아이가 함께 참가한다'고 해서 마지못해 나간 기억이 있다. 그것도 6년 동안이나 계속했다. 밴드 왜건 효과에 보기 좋게 이용당했다고 할 수 있다.
실제로 잡초 뽑기에 참가해 보면 참가하지 않는 가정도 꽤 있

혼자 남겨져 있다는 불안이 행동을 재촉한다.

는 듯한데, '모두 간다'고 하는 행사는 좀처럼 빼먹을 수가 없다.

어른도 직장의 회식이나 아침의 라디오 체조, 사내 여행 등에 '전원 참석'이라는 무언의 압력을 느껴서 어쩔 수 없이 참석하는 사람이 많지 않은가? 이것도 밴드 왜건 효과 때문이다.

어른과 마찬가지로 아이도 다른 사람이 하는 일을 자신만 안 하겠다고 할 수는 없다. 이렇듯 밴드 왜건 효과의 영향을 받으면 우리는 그 영향에서 쉽게 벗어나지 못한다.

KEY POINT ─────────────────────

'모두가 하는' 일을 나만 안 하고 있으면 마음이 불안해진다.

어중간한 숫자가
의욕을 불러일으킨다

● **우수리 효과** ●

"45분만 해도 되니까 복습해 오세요."
"배트 140회만 휘두르고 와!"

백화점이나 슈퍼마켓에서 인기 있는 상품의 가격은 왜 전부 우수리가 있는지 의문을 가진 적이 없는가? 왜 끝이 딱 떨어지는 4만 원이 아니라 3만9,000원일까? 왜 15만 원이 아니라 14만 9,000원일까?

사실 여기에도 고객의 심리에 호소하는 교묘한 기술이 쓰이고 있다. 끝이 딱 떨어지는 숫자는 왠지 모르게 고객도 계산하기 편할 듯하다. 그러나 실제로는 '일부러 계산하기 어렵게 하는' 것이 매우 중요하다.

또한 고작 10원, 100원, 1000원의 차이이기는 해도, 고객의 입장에서 보면 얼마 안 되는 차이라기보다 '어라? 꽤 저렴하네'라고 느끼게 하는 심리 효과도 노리고 있다. 이를 '우수리 효과'라고 한다.

프랑스 브르타뉴 대학교의 니콜라스 게강(N. Gueguen)은 각 세대를 방문해서 팬케이크를 판매하는 실험을 한 적이 있다. 단, 팬케이크를 판매할 때 100세대에는 "1개에 1.99프랑입니다"라고 하고, 나머지 100세대에는 "1개에 2.00프랑입니다"라고 알렸다. 거의 미미한 차이였다.

하지만 결과적으로 우수리가 있는 금액으로 판매한 경우에는 59.0퍼센트의 세대가 팬케이크를 구입한 것에 비해, 끝이 딱 떨어지는 금액으로 판매했을 때는 45.5퍼센트의 세대만 구입했다.

우수리 효과가 매우 강력하다는 점에서 생각하면, 예를 들어 아이에게 공부를 시킬 때도 "1시간 동안 공부해!"라고 하지 말고, "45분" 또는 "55분" 등 우수리가 있는 숫자를 제시하면 좋다.

1시간과 55분은 큰 차이가 없지만, 아이의 입장에서 보면 조금은 이득을 보는 느낌이라서 분명히 '그 정도 시간이면 뭐!'라는 마음이 생길 것이다. 당연히 애초에 하고 싶지 않은 일은 1분, 1초라도 짧아야 기분 좋기 때문이다.

야구에서 타격 자세를 연습시키고 싶을 때도 "배트 100번만 휘두르고 와"라고 말하기보다 "배트 140회만 휘두르고 와"라고 말하면 좋을 듯하다. 사람은 어중간한 숫자를 쉽게 받아들이는 경향이 있기 때문이다.

왜 1시간이 아니라 55분일까? 왜 100회가 아니라 140회일까? 이런 사소한 일은 그다지 신경 쓰지 않아도 된다. 설명할 필요도 없다. 슈퍼마켓에서 판매하는 상품이 1,000원이 아니라 990원인 것에 별다른 이유가 없는 것과 마찬가지다.

참고로 아이가 휴대용 게임기를 가지고 놀 때 "7시까지 놀아도 돼"라고 딱 맞춘 시간으로 말하면 대체로 7시가 한참 넘어도 게임을 계속한다. "지금 딱 깨야 하는 상황이에요!"라는 말로 구슬린다.

게임기를 가지고 놀게 할 때도 "6시 50분까지만 놀아"라고 말해 놓으면 좋다. 그리고 6시 50분이 되면 좋든 싫든 게임을 중지시킨다. 게다가 '6시 50분까지'라고 말해 놓으면 아이도 10분 전쯤 됐을 때 게임을 그만하려고 생각하기 시작한다.

슈퍼마켓의 가격 설정에서 사용되는 심리 기술은 가정이나 직장에서도 응용할 수 있다. 사소한 방법이기는 하지만 사람을 움직일 때 편리한 기술 중 하나로 기억해 놓으면 좋을 것이다.

KEY POINT

하기 싫은 일은 단 1초, 1분이라도 짧게 느껴지면 할 마음이 조금이라도 더 생긴다.

나쁜 싹은
빨리 잘라 내는 것이 원칙이다

● 제로 톨레랑스 원칙 ●

"밤 10시까지 귀가하지 않으면 벌을 받을 줄 알아!"
"단 한 번이라도 규칙을 어기면 용서하지 않을 테니
반드시 기억해 둬!"

예전에 미국에서는 학교 교육이 황폐해져서 붕괴 직전까지 간
적이 있다. 그 이유는 아이에게도 인권이 있으니 너무 엄하게 다
루는 것은 좋지 않다는 생각이 일반적이었기 때문이다. 아이가
한 번 정도 나쁜 짓을 해도 잘 타이르면 머지않아 뉘우칠 것이
라며 부모와 선생님이 안이한 태도를 취했다.

그러다가 1997년, 당시 클린턴 대통령이 '제로 톨레랑스 원칙'

을 교육에 도입했다. '제로 톨레랑스'란 '무관용'이라는 의미다. 즉 규칙을 위반한 학생에게는 설령 처음이라 해도 인정사정없이 엄격한 벌칙을 부과하도록 했다.

학교에 총을 가지고 오면 그 즉시 퇴학.
범죄를 저지르면 초범이라도 역시 퇴학.

이렇게 제로 톨레랑스로 대응했다. 그랬더니 어떻게 되었을까? 황폐해진 학교도 잠시 지나자 재건되었다고 한다.

최근의 아이들은 영리해져서 '어차피 나쁜 짓을 해도 용서받을 수 있다'는 것을 알고 있다. 그래서 나쁜 짓을 하는데 그다지 망설임이 없다. 자신이 혼나지 않는다는 것을 아는 것이다.

'범죄는 미성년자일 때 저지르는 것이 좋다. 그래야 너그럽게 봐준다'고 하는, 말도 안 되는 생각을 하는 아이가 있다. 부모와 선생님, 사회 전체가 아이들에게 무르기 때문이다.

겨우 미성년자에 대한 법률이 엄격해지고 있는데, 이는 매우 바람직한 일이다. 규칙 위반은 절대로 용서하지 않는다는 단호한 '제로 톨레랑스 원칙'을 취하면 아이가 나쁜 길로 빠지거나

한 번 용서하면 두 번이 되고, 또 세 번이 되어 수습할 수 없는 상황이 된다.
말은 처음부터 지켜져야 신뢰를 얻는다.

죄를 저지를 가능성이 줄어든다. 어쨌든 처음이라도 용서해 주지 않기 때문이다.

"엄마, 이번만 봐 주세요. 이번만!!"
"아빠, 한 번만 용서해 주세요. 다시는 안 할게요."

이렇게 사정해도 용서하면 안 된다. 한 번 용서하면 두 번이 되고, 또 세 번이 되어 수습할 수 없는 상황이 되기 때문이다. 나쁜 싹은 빨리 잘라 내는 것이 원칙이다. '아직은 괜찮겠지?'라고 생각하면 결국은 자신의 힘으로는 감당할 수 없게 된다.

디즈니랜드 공원에는 쓰레기가 전혀 없다. 그 이유는 쓰레기가 하나라도 떨어지면 그 즉시 직원이 줍기 때문이다. 쓰레기가 하나라도 떨어진 상태로 놔두면 사람들이 그곳에 쓰레기를 계속 버려서 공원 전체가 쓰레기 더미가 되고 만다.

다시 말해, 디즈니랜드에서는 쓰레기에 '제로 톨레랑스 원칙'을 도입했다고 할 수 있다.

원래 클린턴 대통령이 시작한 제로 톨레랑스 원칙은 산업계에서 쓰이던 '불량품은 한 개도 용납하지 않는다'를 교육에 응용한 것인데, 여러분도 충분히 응용할 수 있다.

일단 처음이 중요하다. 미리 '우리 집은 밤 10시까지 돌아오지 않으면 벌을 준다'고 알린다. 그리고 실제로 밤늦게까지 놀다 늦게 오면 벌을 준다. '뭐 한 번 정도는 괜찮겠지' 하고 용서하면 아이는 '밤놀이 상습범'이 될 것이 불 보듯 뻔하다.

얼마나 처음에 엄벌로 다스릴 수 있느냐가 매우 중요하다는 사실을 잊지 말자. 그것이 아이를 위한 길이기도 하다.

KEY POINT

단 한 번이라도 규칙 위반을 엄벌로 다스리지 않으면 재발한다.

어떻게 말하면
하는 일이
술술 잘 풀릴까

누구나 정중하게 말하는 사람의 말을 듣고 싶어 한다

● 말투의 법칙 ●

"○○ 씨, 저와 함께 가 주실 수 있겠어요?"
"○○ 씨, 그 서류를 확인해 주시겠어요?"

언어에는 상대방과의 관계에 따라 사용하는 말투가 변화하는 측면이 있다. 그래서 자신보다 윗사람에게는 과하게 정중하고 자신보다 나이가 어리고 경험이 적거나 회사에서 직책이 낮은 부하 직원에게는 거만하게 말하기 십상이다.

"이봐, ○○! 그 일을 제대로 해 놔!"

"이봐, ○△! 빨리 뛰어가서 재고 있나 확인해!"

'자신이 위'라는 자의식이 있으면 자기도 모르게 이런 난폭한 말을 사용한다. 하지만 독자 여러분 자신이 부하 직원이라고 하면 어떨까? 거만하게 명령하면 "네, 알겠습니다!"라며 기꺼이 따르고 싶을까?

나라면 그러고 싶지 않다. 마음에 들지 않기 때문이다. 누군가 내게 난폭한 말로 명령한다면, '해!'라고 해도 '안 한다!' 불쾌한 사람이 하는 말은 조금도 듣고 싶지 않기 때문이다.

부하 직원의 마음을 잘 움직이는 상사가 공통적으로 하는 행동이 있다. 바로 그들은 '정중한 말'을 사용한다.

"해!"라고 하기보다 "해 줄 수 있겠습니까?"라고 하며, "빨리 뛰어가서 확인해!"라고 하기보다 "확인해 줄 수 있겠습니까?"라고 한다.

미국 가톨릭 대학교의 루이스 패러다이스(L. V. Paradise)는 상스러운 말을 사용하는 남녀 상담사의 비디오와, 같은 등장인물이 고운 말을 사용하는 비디오 두 종류를 제작해서 많은 사람에게 보여 주고 어떤 인상을 느꼈는지 물어봤다.

그러자 상스러운 말을 사용하면 '전문가처럼 보이지 않는다', '유능해 보이지 않는다', '냉정하다', '지적으로 보이지 않는다', '자격이 있는 사람으로 보이지 않는다' 등 부정적인 인상만 받는다는 사실이 판명되었다고 한다.

정중한 말을 사용하면 지적이고 일을 잘하는 인상을 주지만, 상스러운 말을 사용하면 나쁜 인상을 준다. 그런 사람이 하는 말은 부하 직원도 듣고 싶어 하지 않는다.

상대방의 나이가 자신보다 몇 살 정도 어리다는 것을 안 순간, 말투를 바꾸는 사람이 있다. 심지어 상대방이 직장에서는 선배이지만 자신보다 연하라는 사실을 안 순간, 잘난 척하는 태도를 보이는 사람도 있다. 상대방이 선배인 것도 잊고 "뭐야. 너, 나보다 두 살이나 어렸어?"라고 난폭한 말투를 사용하면 안 된다.

나이나 직책에 관계없이 언제든지 누구에게나 고운 말을 쓰도록 주의하자.

여성과 식사할 때 허세를 부리고 싶은지 웨이터나 웨이트리스에게 난폭한 말을 사용하는 남성도 있는데, 그런 행동도 하지 않는 편이 좋다.

"어이, 물 가져와!"라고 하기보다는 "물 좀 주시겠어요?"라고 정중하게 말할 때 동석한 여성도 확실히 호감을 보일 것이다.

작가인 노사카 아키유키 씨는 자신의 아이에게도 "아빠와 놀아 줄 수 있어요?"라고 정중한 말투를 사용했다고 하는데, 그런 태도가 이상적이다.

우리는 상대방이 자신보다 나이가 어리다고 해도 태도를 바꾸지 않고 누구에게나 정중한 사람에게 호감을 느끼며 그런 사람이 하는 말을 듣고 싶어 한다.

KEY POINT

그 사람이 쓰는 말투는 그 사람의 인격이며, 그 사람이 쓰는 말 자체의 신뢰도를 결정한다.

먼저 인사하는 것도
능력이다

● 인사의 예방선 효과 ●

"좋은 아침입니다! 오늘은 날씨가 상쾌하네요."
"안녕하세요. 늘 힘이 넘치셔서 저도 힘이 납니다."

언제든지 자신이 앞장서서 인사하자. 인사는 반드시 해 놓는 편
이 좋다. 인사를 하면 왜 좋을까? 자신이 곤경에 처했을 때 언제
든지 다른 사람에게 의지할 수 있기 때문이다.

여러분이 먼저 인사한다고 해서 상대방의 기분이 나쁠 리가
없다. 오히려 '기특한 사람이구나'라고 생각해 준다.

우리는 자신에게 친히 인사하는 사람에게 마음의 문을 연다.

그런 사람이 도움을 부탁하면 대부분의 사람들이 기꺼이 들어준다. 자신이 먼저 인사하지도 않고 인사를 받기만 하는 사람의 부탁은 아무도 들어주고 싶어 하지 않는다. 따라서 평소에 인사를 확실히 해 놓으면 만일의 경우 자신이 곤란할 때 예방선이 된다.

그러니 상대방이 들었을 때 최대한 기분 좋을 인사를 하자.

인사는 인간관계의 기본이다. 인사만 제대로 해 놓으면 대부분의 인간관계가 원만하다.

평소에 이웃사람들에게 인사하면 이웃과 잘 어울릴 수 있다. 인사하는 사람에게는 친밀감을 느끼고 친구처럼 느껴지기 때문이다. 인사하지 않는 사람은 이웃사람과의 관계도 서먹서먹하다. 인사는 이를 예방할 수 있다.

직장에서도 마찬가지다. 같은 부서뿐 아니라 다른 부서 사람이든 방문한 고객이든 누구에게나 활기차게 인사하자. 그렇게 하면 여러분 주위에는 아군만 생기고 적은 전부 사라진다.

미국 서던 메소디스트 대학교의 다니엘 하워드(D. J. Howard)는

인사는 인간관계의 기본이다.
인사만 제대로 해 놓으면 대부분의 인간관계가 원만하다.

모르는 사람에게도 인사하면 친밀감을 느끼게 해서 "쿠키를 팔고 싶은데 자택에 방문해도 될까요?"라고 부탁하니 25퍼센트의 사람이 응했다고 한다. 그러나 인사도 하지 않고 갑자기 쿠키를 팔고 싶으니 자택에 방문해도 되느냐고 부탁했을 때는 10퍼센트만 응했다고 한다.

사소한 한두 마디라도 인사하면 그 전까지 '몰랐던 사람'에서 갑자기 '친구나 지인'과 같은 분위기가 생긴다. 그러므로 인사하는 행동이 매우 중요하다.

기차나 비행기를 탈 경우에도 좌석에 앉을 때 옆에 앉은 사람에게 한마디라도 인사하면 몇 시간이고 쾌적한 여행을 즐길 수 있다. 인사하면 옆 사람과의 관계가 '모르는 사람'에서 '아는 사람'으로 바뀌기 때문이다.

최근 젊은 사람들 중에는 '인사는 귀찮다', '상대방이 먼저 인사한 후에 내가 인사해도 된다'고 생각하는 사람이 많다. 아마 인사의 효과가 얼마나 강력한지 모르기 때문일 것이다.

고작 인사지만 그래도 중요하다. 귀찮게 여기지 말고 내가 먼저 인사하는 습관을 들이자. 그렇게 하면 상사나 부하, 직장의 모든 사람에게서 호감을 얻는다. 인사를 잘하느냐 못하느냐는 굉장히 큰 차이로 나타난다.

"좋은 아침입니다."
"안녕하세요."
"고맙습니다."
"최근 들어 꽤 덥네요."
"날씨가 상쾌하네요."

별 것 없다. 그저 이런 식으로 간단히 인사하는 것은 큰일도 아니다. 딱히 잡담은 하지 않아도 된다. 한두 마디의 인사가 매우 중요하다.

KEY POINT

인사를 받기만 하는 사람의 부탁을 들어주는 사람은 없다.

상한선을 슬쩍 알려주면
상대방의 마음이 들썩인다

● 톱 오브 더 라인 테크닉 ●

"이 상품은 최고급품 다음으로 취급되고 있습니다."
"품질은 최고 수준에 가깝지만 그에 비해 가격이 적당하니
구입하시면 이득입니다."

최고급품에 대해 설명하면 고객이 구입하는 상품의 비율을 전
체적으로 10퍼센트나 높일 수 있다. 이를 '톱 오브 더 라인 테크
닉(top of the line technique)'이라고 한다.

최고급품에 대해 안내를 받으면 비록 최고급품을 구입하지는
않더라도 최고급품에 가까운 방향, 즉 비싼 상품을 구입하는 방
향으로 바뀐다.

노스 애리조나 대학교의 도노호(C. L. Donoho)는 여러 종류의 CD 플레이어 중에서 하나를 구입할 때 최고급품이 1,500달러라는 것을 알려줬더니, 처음에 199달러짜리 CD 플레이어를 선택한 사람의 23퍼센트가 299달러짜리로, 15.4퍼센트가 399달러짜리로, 30.8퍼센트가 400달러짜리로 상품을 변경했다고 한다.

'최고급품이 1,500달러나 하면 199달러의 저렴한 CD 플레이어는 문제가 있을지도 모른다'고 생각하기 때문이다. 그런 이유로 최고급품에 가까운 방향으로 판단이 끌리는 것이다.

여러분이 음식점을 경영할 경우에는 최고가 메뉴를 간판에 내보이면 좋다. 예를 들어, '최고급 엄선 재료만 사용한 프리미엄 디너 80,000원' 하는 식이다.

그러면 고객은 그 메뉴는 선택하지 않을지도 모르지만, 그 밑에 있는 50,000원 정도의 코스를 선택할 확률이 높아진다. 적어도 10,000원짜리 디너를 선택할 확률은 매우 낮아질 것이다.

고객에게 상품을 판매할 때 우리는 무슨 이유인지 저렴한 것부터 권하기 쉽다. 저렴한 상품부터 권해야 고객도 구입할 것이라고 생각한다. 그러나 이 생각은 정반대다. 저렴한 상품을 추천하면 고객은 그보다 더 싼 상품만 구입한다.

그러지 말고 최고급품부터 추천하는 것이 중요하다. 설령 최고급품은 팔리지 않더라도 그 가격에 끌려서 전체적으로 10퍼센트 정도 비싼 상품이 팔리기 때문이다.

물론 좀 더 싼 가격을 제시해서 고객이 '우와, 싸다!'고 느끼게 해야 좋은 경우도 있지만, 그것이 늘 정답인 것은 아니다. 오히려 비싼 가격부터 제시하는 편이 좋을 때도 있다.

사고 안 사고는 차치하고, '최고급품은 ○○○원이다'라는 정보를 제공하면 우리는 그 정보에 얽매여 영향을 받기 마련이다.

회전초밥집에서도 매장 내부 곳곳에 '최고급 참치 한 접시 5,000원'이라고 적힌 전단지가 붙어 있으면 그 초밥을 주문하지 않을 수는 있지만, 나름대로 약간 저렴한 3,000원 정도의 초밥을 선택하게 되어서 한 접시 1,000원 초밥만 주문하는 경우가 사라진다.

비즈니스에서 상품을 판매할 때 우선 저렴한 것부터 권하는데 익숙해진 사람은 순서를 정반대로 바꿔 보면 좋다. 우선 저렴한 상품부터 권하기 때문에 이익을 올릴 수가 없다.

이때 톱 오브 더 라인 테크닉을 구사해 보면 신기할 정도로 비싼 상품이 팔리기 시작하는 경우도 있을 것이다.

속는 셈치고 꼭 한번 시도해 보기 바란다.

KEY POINT

사람은 최고급품이나 최저급품보다 중간급의 상품을 선택한다.

상대방에게 선택할 수 있는
권한을 보장하라

● 옵션 테크닉 ●

"이 상품과 이 상품 모두 잘 어울리십니다."
"이 일과 이 일을 부탁하고 싶은데, 어떤 일을 하겠나?"

쇼핑하는 고객에게 뭐가 싫으냐며 '억지로 강매하는' 행위보다
더 화가 나는 일은 없다. 고객은 자신이 선택해서 사고 싶지, 점
원에게 강매당하고 싶지 않다.

그러면 어떻게 하면 고객의 거부감을 줄일 수 있을까? 여러
선택지를 제시하면 된다. 여러 선택지를 제시하면 특정 상품을
억지로 강요한다는 느낌을 주지 않고 고객은 '자기 스스로 구입

했다'고 생각할 수 있기 때문이다. 그런 배려가 매우 중요하다.

도도 다카토라는 아자이 나가마사를 주군으로 섬겼고, 도요토미 히데요시가 아꼈으며, 도쿠가와 이에야스, 도쿠가와 히데타다의 신뢰를 얻은 인물이다.

다카토라는 2대 쇼군인 히데타다에게 니조 성을 건축하라는 명령을 받고 두 가지 방안을 제시했다고 한다. 이를 이상히 여긴 가신 중 한 명이 "최고로 좋은 방안 하나만 제시하면 충분한데 왜 두 가지나 만들었습니까?"라고 질문하자, 다카토라는 "방안이 하나뿐이면 히데타다 님이 그것을 채용해도 이 다카토라가 만든 방안이 된다. 하지만 두 가지를 제시하면 히데타다 님이 어느 것을 선택하시더라도 히데타다 님의 방안이 된다"라고 대답했다고 한다.

이는 인심을 장악하는 재주가 뛰어난 다카토라만이 생각할 수 있는 배려일 것이다. 이런 식으로 상대방을 잘 배려했기에 도도 다카토라는 전국시대를 살아남을 수 있었다.

클라이언트에게 기획을 제안할 때도 가능하면 두 가지 이상의 방안을 제시하도록 해야 한다. 그래야 상대방도 '선택하는 재미'

를 느낄 수 있고, 최종적으로 결정한 것은 '자신이 결정한 기획'
이 되기 때문이다.

일리노이 대학교의 브라이언 퀵(B. L. Quick)은 '반드시 콘돔을
사용해야 한다', '콘돔 사용 외에 성병을 예방할 선택지는 없다'
와 같은 캠페인 광고를 대학생 160명에게 읽게 했더니, 마치 강
요하는 듯한 문장을 읽은 대학생은 오히려 설득하기 어려워졌
다고 한다.

선택지가 하나뿐이면 우리는 억지로 의견을 강요당한다고 느
낀다. 그런 탓에 분노와 불쾌감이 생겨서 그럴 바에는 설득당하
지 않겠다는 마음이 강해진다고 퀵은 지적했다.

"이게 좋습니다!"
"이걸로 결정합시다!"

이렇게 말하면 우리는 그 의견에 순순히 찬성하지 않으려 한
다. 다른 사람의 강요로 느껴져 기분이 불쾌해지기도 한다.

부하 직원에게 일을 시킬 때도 "이걸 해!"라고 하지 말고 "이

상대방이 자기 스스로 선택한 일이라고 느끼게 하는 것이 설득의 핵심이다.

일과 이 일을 부탁하고 싶은데, 어떤 일을 하겠는가?"와 같이 두 가지 중에서 선택하게 하면 동기부여가 높아지지 않을까?

선택지가 하나뿐이면 '상사가 강요한 일'밖에 안 되지만, 두 가지 중에서 선택할 수 있으면 '자기 스스로 선택한 일'이 되기 때문이다.

상대방의 마음을 움직이는 명인은 결코 한 가지 방안을 강요하지 않는다. 반드시 몇 가지 방안 중에서 선택하게 한다.

KEY POINT

두 가지 이상의 안건을 제출해서 '직접 선택했다'고 생각하게 한다.

입장 바꿔 생각하게 해서
이기심을 깨닫게 하라

● 입장 바꾸기 설득법 ●

"당신이 내 입장이라면 'YES'라고 말할 수 있습니까?"
"당신이 나였다고 해도 아마 거절하지 않았을까요?"

도쿠가와 막부가 붕괴됐을 때 도쿠가와 요시노부의 처우를 둘러싸고 막부 관리인 야마오카 뎃슈와 관군인 사이고 다카모리가 대화를 나눴다.

애초에 사이고는 요시노부에게 할복을 포함한 엄격한 처벌을 내리기 바랐지만, 야마오카가 동의할 리가 없었다. 대화가 결렬로 끝나는가 싶었을 때, 야마오카는 다음과 같이 추궁했다.

"만일 시마즈 나리아키라 공이 살아남아서 똑같은 처우를 받는다면 당신은 순순히 인정할 수 있소?"

이 말은 사이고를 꼼짝하지 못하게 했다. 시마즈 나리아키라는 하급번사의 아들인 사이고 다카모리를 발탁한 주군이자 사이고에게는 '목숨을 바쳐도 아깝지 않은' 인물이었다. 야마오카는 그런 나리아키라를 '참수하자', '할복시키자'고 해도 그런 요구를 받아들일 수 있느냐고 물은 것이다.

야마오카는 지금의 자신이 그런 입장이라고 사이고를 이해시켰고, 요시노부에게 미토에서 은거하라는 가벼운 처분으로 끝낼 수 있었다.

상대방이 강경한 태도를 취했을 때는 이 야마오카 뎃슈의 방법을 따라하면 된다.

"만일 당신이 내 입장이라면 'YES'라고 할 수 있겠습니까?"
"제 입장도 조금은 고려해 주세요."

대부분의 사람들은 자신의 입장과 형편만 생각하고 상대방에 대해서는 거의 고려하지 않는 것이 일반적이다. 하지만 "만일 당신이 내 입장이라면 어떻겠습니까?"라고 상기시키면 입장을 바꿔 놓고 생각하고 자신이 얼마나 이기적인 요구를 강요하려고 했는지 깨닫는다.

오하이오 주립 대학교의 로버트 번크랜트(R. E. Burnkrant)는 상대방을 설득할 때는 '자신의 입장으로 바꿔서' 생각하게 하는 방법이 효과적이라고 설명했다.

우리는 생각하는 계기가 주어질 때까지는 상대방의 입장을 좀처럼 알 수 없다. 상대방이 얼마나 괴로워하는지, 또 얼마나 불쾌한지 조금도 고려하지 않는다.

그렇기 때문에 온화한 말로 "당신이 내 입장이라면 어떻겠습니까?"라고 질문해 보는 방법은 상대방에게 내 입장을 자각하게 하는 데 매우 효과적이다.

개호에 관해 공부하는 사람은 일부러 자신의 몸을 구속하는 도구를 달아서 몸을 움직이기 어려운 상태로 생활하는 훈련을 받는다고 한다. 그들은 구속 도구가 달려 있어서 생각처럼 걷거나 일어설 수 없는 상태를 경험한 뒤, '역시 장애가 있는 사람은 굉장히 불편하겠구나'라고 깨닫는다. 그런 체험을 해 봐야 장애인을 진심으로 돌볼 수 있다.

　누군가가 어려운 주문을 했을 때는 그것이 어렵다는 것을 상대방에게 이해시키자. 자신만 생각하기 마련인 상대방에게 "당신이 나였더라도 아마 거절하지 않을까요?"라고 완곡하게 전달하자.
　공감 능력이 어지간히 없는 사람이라면 그래도 자신의 형편을 주장할 수도 있지만, 대부분의 사람들은 자신이 무리한 말을 한다는 것을 깨닫지 않을까?

KEY POINT

'당신이 내 입장이었다면?'이라는 질문으로 상대방의 이기적인 생각을 깨닫게 한다.

38

협상의 기본은
'이에는 이, 눈에는 눈'

● 보복 전략 ●

"요구대로 단가를 낮춰 줄 테니 주문 수량을 배로 늘려 주세요."
"좋아요. 그 대신 내 일도 도와줘요."

교섭 기술 중에 '보복 전략'이라고 불리는 기술이 있다. 이를테면, 상대방이 강경하게 제안하면 나도 똑같이 강경하게 제안하고, 상대방이 부드러운 태도로 대하면 나도 협력적인 태도를 보여 주는 방법이다.

이 보복 전략은 매우 효과적인 기술이다. 상대방이 강압적인 태도로 '상품의 단가를 좀 더 낮춰 달라'고 요구하면 나도 지지

상대방이 강압적으로 나오면 나도 강압적인 태도를 보이는 것이
교섭의 정석이며, 기본적인 태도이다.

않고 '단가를 낮춰도 되지만, 그렇게 할 경우에는 주문 수량을 배로 늘려 달라'고 응수한다.

사람들은 원래 마음씨가 착한 경우가 많아서 상대방이 강력하게 요구하면 어떻게든 응해 줘야 한다고 느낀다.

그러나 상대방이 강압적으로 나오면 나도 강압적인 태도를 보이는 것이 교섭의 정석이며, 기본적인 태도라는 점을 확실히 기억해야 한다. 특히 국제 교섭의 장에서는 상대방이 강경하게 나올 때 이쪽도 강경하게 나가지 않으면 상대방의 요구를 전부 받아들이게 된다.

강경한 자세를 취하는 일에 망설임을 느끼는 사람이 있을 수도 있는데, 처음부터 시작한 쪽은 상대방이다. 나는 그저 상대방이 한 것과 똑같은 방식으로 행동할 뿐이다. 그렇게 생각하면 강경한 자세를 취하는 일에 부담감을 느낄 필요가 없다.

상대방이 뭔가 기분 나쁜 행동을 하면 언젠가 반드시 기분 나쁜 행동으로 되갚아 주는 사람이 있다. 당연히 그런 사람은 교섭 상대로 매우 벅차다. 이런 태도는 우리도 좀 더 보고 배워야 한다.

반대로 상대방이 무슨 행동을 해도 반박하지 않고 묵묵히 있기만 하면 상대방에게 얕보이기 십상이다. 상대방의 변명을 들어주는 것도 중요하지만, 이쪽에서도 상대방에게 같은 강도로 분명히 요구해야 한다.

이것이 바로 보복 전략이다.

보복 전략을 취하면 교섭이 타결되기까지 걸리는 시간도 앞당길 수 있다. 상대방에게 '이 사람은 만만치 않다'고 느끼게 할 수 있으면 번거로운 교섭을 하지 않고 서로의 요구를 타결할 수 있다.

인디아나 대학교의 제임스 월(Jr. J. A. Wall)에 따르면, 보복 전략을 사용한 임금 교섭과 보복 전략을 사용하지 않은 임금 교섭을 비교했더니 보복 전략을 사용한 경우에는 4.3회 안에 대화가 정리되는 데 비해서 보복 전략을 사용하지 않은 경우에는 5.2회가 소요됐다고 한다.

상대방이 강경하게 나오면 나도 강경하게 나가고, 상대방이 타협적이면 나도 타협적으로 행동해야 대화가 원만하게 정리된다.

"상대방이 강경하게 나온다고 해서 나도 강경한 자세를 취하면 교섭 자체가 성립되지 않는 것 아닙니까?"

인품이 훌륭한 사람은 이런 식으로 생각할 수 있다. 그렇지만 상대방이 강경하게 나오는 것은 '작전'이다. 나도 강경한 자세를 취하면 상대방이 그 즉시 작전을 바꿔서 협력적으로 나온다는 것이 그 증거이다.

내가 친절한 얼굴을 하면 상대방은 '조금 더 요구해도 되지 않을까?'라고 착각한다. 그래서 요구의 수준을 자꾸 끌어올려 교섭이 성립되기 어려워진다.

그런 점에서 강압적인 태도를 보여 주면 상대방도 '여기가 한계구나'라고 즉시 깨닫기 때문에 교섭에도 그다지 시간이 걸리지 않는다.

KEY POINT

강경하게 나오면 강경하게 대응할 것. 그래야 서로 '비기며' 이것이 교섭의 기본이다.

주먹을 불끈 쥐는 것만으로도
힘이 솟는다

● 파워 포즈 효과 ●

"네까짓 것한테 내가 질까 보냐!"
"아직 멀었어! 그렇게 쉽게 질 수 없어!"

교섭의 기본은 뭐니 뭐니 해도 강경한 태도를 보여야 할 때 강경하게 나가는 것이다. 하지만 인품이 훌륭한 보통 사람에게는 상당히 어려울 수도 있다. 그렇다면 그런 상황에서 유용한 기술을 알려주겠다.

상대방이 힘 있게 압도하는 유형이라서 심리적으로 위축될 것 같다고 하자. 이럴 때는 손을 꽉 움켜쥐어 보자. 이른바 '주먹'을 만드는 것이다. 이렇게 하면 우리의 마음은 일시적으로 강해진다.

근육을 단련하면 의지력과 정신력도 강해진다. 그러므로 주먹을 쥐면 '이 까짓것!', '내가 질까 보냐!'와 같은 강한 멘탈도 얻을 수 있다.

포르투갈 리스본 대학교의 토머스 슈버트(T. W. Schubert)는 가위바위보의 바위를 내는 '주먹 쥐기 조건'과 가위를 내는 '비교 조건'을 마련해서 각각 심리 테스트를 받게 했다.

그러자 주먹을 쥐면서 심리 테스트를 받은 조건에서는 적극적이고 자신감이 붙는다는 식의 자기 평가가 높아졌다. 가위를 내는 비교 조건에서는 향상 효과를 확인할 수 없었다.

교섭 중에 상대방에게 심리적으로 휩쓸릴 것 같을 때는 주먹을 쥐자. 이렇게 하면 마음속에 힘이 넘칠 것이다.

참고로 사전에 정신력을 향상시켜야 할 경우에는 주먹을 쥐는 방법도 좋지만, 양손을 위로 크게 벌려도 좋다. 이 자세는 '파워 포즈'라고 불리며 정신력을 높이는 데 유용한 자세다.

캘리포니아 대학교의 다나 카니(D. R. Carney)는 양발을 벌리고 양손을 크게 벌려 올리는 '파워 포즈' 자세를 1분 동안 취하게 하자 양팔을 몸에 두르는 '약한 포즈'를 취하게 한 조건에 비해 투지가 생기는 것을 확인했다.

파워 포즈를 취하게 한 그룹에 "사례금으로 2달러를 드리는데, 이 사례금을 두 배로 불리는 도박을 해 보지 않겠습니까?"라고 제안했더니 86퍼센트가 투지를 보인 탓인지 '꼭 해 보고 싶다'는 의사를 표시했다. 그러나 약한 포즈를 취한 그룹에서는 60퍼센트만 도박을 선택했다고 한다.

교섭이 시작되기 전에 1분 동안 양손을 위로 올린 상태로 두면 마음에도 힘이 생긴다. 그런 후에 교섭에 임하면 좋은 결과를 거둘 수 있지 않을까?

주먹을 쥐거나 양손을 위로 올리는 것만으로 정신력이 향상되는 이유는 무엇일까? 그 자세에 남성 호르몬인 테스토스테론이 영향을 준다고 한다. 우리는 강한 포즈를 취하면 테스토스테론 수치가 상승하여 매우 남성적이 된다.

교섭뿐 아니라 운동이나 공부에서도 의지력을 향상시키고 싶을 때는 파이팅 포즈를 취해 보면 좋다. 그렇게 하면 테스토스테론이 분비되어 일시적인 힘을 얻을 수 있기 때문이다.

우리의 마음은 자신이 취하는 자세에 큰 영향을 받는다. 다리를 벌리고 앉아서 턱을 약간 위로 올리면 마음도 강해지지만, 고개를 숙인 자세로 양발을 딱 붙이고 앉으면 마음도 약해진다. 평소에 등을 구부리고 앉는 사람은 최대한 가슴을 펴서 자세를 교정하면 좋을 것이다.

KEY POINT ─────────────────────────

강력한 포즈를 취하면 테스토스테론 수치가 상승하여 남성적으로 변신한다.

따뜻한 음료는 마음을 여는
마법의 효과가 있다

● 핫 드링크 효과 ●

"따뜻한 커피 한 잔 드시면서 잠시 기다려 주세요."
"따뜻한 음료를 마시니 긴장이 풀리는군요."

우리의 마음은 따뜻한 장소에 있으면 따뜻해지고 차가운 장소
에 있으면 차가워진다. 즉, 환경이나 상황의 영향을 받는다는 뜻
이다.

물리적인 따뜻함은 심리적인 따뜻함을 만들어 낸다. 그래서
뭔가를 부탁할 때는 상대방을 물리적으로 따뜻하게 만드는 것
이 대단히 중요하다.

매우 재미있는 실험이 있어서 소개하겠다.

미국 콜로라도 대학교의 로렌스 윌리엄스(L. E. Williams)는 '인물 평가 실험'이라고 속여서 참가자들을 어느 한 건물에 모이게 했다.

참가자가 찾아오면 그곳에는 여성 조수가 기다리고 있는데, 손에 아이스커피를 들고 있을 때도 있고 뜨거운 커피를 들고 있을 때도 있다. 그리고 "실험은 4층에서 합니다"라고 참가자를 엘리베이터로 데리고 가는데, "먼저 당신의 이름을 서류에 기입하고 싶으니 잠깐만 들어 주시겠어요?"라며 자신이 들고 있는 커피를 참가자에게 들게 한다.

참가자가 커피를 손에 들고 있는 시간은 기껏해야 수십 초에 불과했다. 그러나 그 후에 'A 씨'라는 가공인물의 성격을 판단하게 하자 사전에 뜨거운 커피를 든 사람은 아이스커피를 든 사람에 비해 'A 씨'를 매우 호의적으로 판단했다.

물리적으로 따뜻함을 느낀 사람은 상대방에게도 따뜻한 반응을 보인다. 반대로 물리적으로 차가움을 느낀 사람은 상대방에게도 차가운 반응을 보인다.

따라서 상대방에게 뭔가를 부탁할 때는 가능한 한 따뜻한 음료를 마시게 해야 한다. 그래야 부탁을 들어줄 가능성이 높아지기 때문이다. 특히 겨울에는 더욱 그럴 것이다.

여름에 날씨가 덥다고 해서 에어컨을 세게 틀어 놓은 방에서 차가운 음료를 대접하는 경우가 많다. 하지만 '차가운 분위기'는 상대방의 마음도 차갑게 만들 위험이 있다는 사실을 알아야 한다. 물리적으로 차가운 환경에서는 우리의 마음도 차가워지기 때문이다.

물론 '더운 여름날에는 역시 아이스 음료가 좋지 않나?'라고 생각하는 독자도 있을 것이다. 하지만 옛날 조상들은 더운 여름날에도 뜨거운 차를 마시며 오히려 시원함을 느꼈다고 한다. 더운 날이라고 해서 반드시 차가운 음료를 마셔야 한다는 것은 선입견일 수 있다.

만약 무더운 날 클라이언트가 회사를 방문했다면, 일단 차가운 보리차를 마시게 해서 더위를 식혀 주자. 그런 다음에는 따뜻한 차나 커피를 대접하는 것이 좋다. 일에 대한 이야기는 따뜻한 음료를 대접한 후에 시작한다.

차가운 보리차로 한숨 돌리게 할 때는 가벼운 잡담을 나눈다.

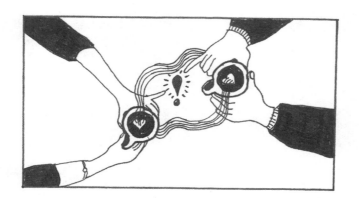

우리의 마음은 따뜻한 장소에 있으면 따뜻해지고
차가운 장소에 있으면 차가워진다.

그리고 중요한 거래에 관해 이야기할 때는 따뜻한 음료를 마시면서 한다.

이렇게 2단계 작전을 세우면 좋을 것이다.

물리적으로 따뜻함을 느낀 사람은 다른 사람에게도 따뜻한 반응을 보일 가능성이 높다.

느긋하게
기다릴 줄도 아는 사람이
최후의 승자

이 책에서는 사람을 움직일 수 있는 다양한 심리 기술에 대해 소개했다. 대체로 이 책에서 소개한 기술을 구사하면 일상생활의 여러 상황에서 상대방을 움직이는 데 큰 어려움이 없을 것이다.

하지만 온갖 수단을 발휘해도 끝까지 마음을 바꾸지 않는 사람이 있다. 그럴 경우에는 태도를 바꿔서 그 사람이 변화하기를 느긋하게 기다릴 수밖에 없다.

마지막 조언 치고는 어쩐지 끝이 좋지 않은 것처럼 느껴지지만, 이 또한 인생이다.

개는 쫓아가면 뛰어서 달아나다가도 쫓아가기를 포기하면 스스로 다가온다. 사람도 똑같아서 내가 아무리 설득해도 상대방이 마음을 바꾸지 않았는데, '이제 그만하자'고 태도를 바꾼 순간 내 뜻대로 순순히 마음을 바꾸는 경우가 많다. 이상한 일이지만 그럴 때가 종종 있다.

이를테면, 아이에게 공부하라고 입에 신물이 날 정도로 계속 말해도 전혀 듣지 않았는데, 잔소리를 그만뒀더니 아이가 알아서 책상 앞에 앉아 책을 읽기 시작하는 일이 현실에는 흔히 있다.

또 좋아하는 여성에게 아무리 메일을 보내도 기대하는 답장이 전혀 오지 않았는데, 메일을 그만 보냈더니 그 여성에게서 메일이 도착하는 사례도 드물지 않다.

설득해도 소용없을 때는 '설득을 그만두는' 것이 방법이다. 간단히 포기해 버릴 필요는 없지만, 자신이 할 수 있는 최대한의 노력을 하고 하면 나머지는 상대방의 마음에 맡기는 수밖에 없다.

안 되는 일은 아무리 해도 안 된다고 생각하면 상대방이 마음을 바꾸지 않아도 그다지 화가 나지 않는다. 기대하지 말고 느긋하게 상대방이 변화하기를 기다리자.

이 책을 집필하는 데 팔 출판의 다키구치 다카시 씨의 도움을 많이 받았다. 이 자리를 빌려 감사의 말씀을 드린다. 필자가 "다키구치 씨, 책을 쓰고 싶습니다!"라고 부탁하면 언제든지 "좋아요"라며 선뜻 맡아 준다. 정말로 감사한 일이다. 이는 필자가 설득의 달인이라서가 아니라 다키구치 씨가 인품이 좋은 사람이기 때문이다.

마지막으로 독자 여러분에게도 감사 인사를 드린다. 끝까지 읽어 주셔서 진심으로 감사하다. 또 어딘가에서 뵙길 바란다.

나이토 요시히토

일상 속
심리 법칙에 숨겨진
말투의 심리학

　말은 일상생활 속에서 남들과 소통하는 데 필수불가결한 도구이다. 이 말을 통해 다른 사람의 마음을 얻을 수 있고 원만한 인간관계도 유지할 수 있듯이, 우리 삶에 꼭 필요한 기본적인 소통 수단이다.

　그런데 똑같은 말이라도 듣는 사람이 긍정적인 의미로 받아들이는 경우가 있는가 하면, 부정적인 의미로 받아들이기도 한다. 나도 상대방의 별 것 아닌 이야기에 웃으며 넘길 때도 있고 발끈할 때도 있다.

　이런 경험은 나를 포함해서 누구에게나 있지 않을까? 그 정도로 말투가 사람의 심리를 좌우한다고 할 수 있다.

　이 책에서는 말투 하나로 상대방의 마음을 움직일 수 있는 방법을 소개하고 있다. 전문적인 심리학 법칙을 알기 쉽게 풀어서 실생활의 다양한 장면에 응용한 것이 굉장히 인상적이다.

　영화 광고에서 '전미 박스 오피스 1위!'라고 강조하면 왠지 모르게 재미있어 보이고 꼭 봐야 할 것만 같은 기분이 들지 않는가? 홈쇼핑 등에서 39,900원을 외치며 몇 천, 몇 만 명 이상이 구매했다고 하면 싸다는 생각에 자신도 사야 할 것 같은 마음이 절로 솟아나지 않는가? 상술인 줄 알면서도 자신도 모르게 끌리게 되는 경우가 많다.

　또 칭찬은 고래도 춤추게 한다는 말이 있듯이 상대방을 칭찬하면 부탁을 선뜻 들어주거나 자진해서 행동해 줄 때도 있지 않은가? 그 이유는 밑바탕에 여러 심리 기술이 깔려 있기 때문이다.

　내 지인 중에는 새로운 정보에 대해 가족이나 주위 사람들이 말하면 전혀 듣지 않는 사람이 있다. 그런데 그 정보에 대해 미디어에서 소개하면 마치 처음 들었다는 듯이 무조건 믿고 따르는 경우가 허다하다. 도대체 이유를 알 수 없었는데 이 책을 보고 나니 정보의 출처를 확실히 밝히지 않았기 때문에 지인이 그런 행동을 보이지 않았을까 다시 한 번 생각하게 됐다.

이처럼 저자는 우리의 생활 속에 숨어 있는 다양한 심리학 법칙에 대해 설명해 주고, 그 법칙을 잘 활용해서 말하면 좋은 인간관계를 형성할 수 있다고 주장하고 있다.

말투는 인간관계에서 매우 큰 역할을 한다. 나도 몇 년 전, 상대방의 말투에 상처를 받아서 그 사람과 오래 유지해 온 관계를 끊어 버린 적이 있다. 그 이후로는 말투에 예민해져서 인간관계에서 오는 어려움도 적잖이 느끼고 있다.

그런데 이 책을 번역하면서 상대방의 말투가 내 행동에서 비롯된 것일 수도 있겠다는 생각이 들었다. 내 마음속의 이기심이 발동한 것은 아닐까? 저자는 자신이 어떤 식으로 표현하느냐에 따라 사람의 심리가 변화한다고 했다. 즉 자신이 긍정적으로 말하면 상대방도 긍정적으로 반응하고, 자신이 부정적으로 말하면 상대방도 부정적으로 반응한다는 뜻이다.

주위에 성공한 사람들을 봐도 알 수 있듯이, 그들은 긍정적인 사고를 갖고 늘 긍정적으로 말한다. 그래서 좋은 인간관계를 유지하고 일과 인생에서도 성공을 거두고 있다. 하지만 자신이 이기심을 드러내면 상대방의 말투도 칼날이 되어 돌아오는 것은 불 보듯 뻔하다. 이래서는 원만한 인간관계를 유지하기 어렵다.

살면서 인간관계에서의 소통 문제로 고민한 적이 단 한 번도 없다는 사람은 아마 거의 찾아보기 힘들 것이다. 상대방의 말투나 성격을 내 입맛에 맞게 바꾸기란 어렵다. 상대방을 바꾸느니 차라리 자기 자신을 바꾸는 게 더 쉽고 빠르지 않을까?

역지사지(易地思之)라는 말이 있다. 입장을 바꿔서 생각해 보라는 뜻이다. 이렇듯 다른 사람의 마음을 움직이고 싶다면 일단 상대방의 마음을 먼저 헤아리는 습관을 기르는 것이 중요하다. 또한 자신의 말투가 긍정적인지 부정적인지 판단해 봐야 할 것이다.

이 책을 읽는 독자 여러분도 이런 마음가짐을 몸소 실천해 보면 일상생활에 긍정적인 변화가 찾아올 것이라고 생각한다.

김한나

● 참고문헌

- Ackerman, J. M., Griskevisius, V., & Li, N. P. 2011. Let's get serious: Communicating commitment in romantic relationships. Journal of Personality and Social Psychology, 100, 1079-1094.
- Aron, A., Norman, C. C., Aron, E. N., McKenna, C., & Heyman, R. E. 2000. Couple's shared participation in novel and arousing activities and experienced relationship quality. Journal of Personality and Social Psychology, 78, 273-284.
- Babad, E. Y., Inbar, J., & Rosenthal, R. 1982. Pygmalion, Galatea, and the Golem: Investigations of biased and unbiased teachers. Journal of Educational Psychology, 74, 459-474.
- Burnkrant, R. E., & Howard, D. J. 1984. Effects of the use of introductory rhetorical questions versus statements on information processing. Journal of Personality and Social Psychology, 47, 1218-1230.
- Burnkrant, R. E., & Unnava, H. R. 1989. Self-referencing: A strategy for increasing processing of message content. Personality and Social Psychology Bulletin, 15, 628-638.
- Calder, B. J., Insko, C. A., & Yandell, B. 1974. The relation of cognitive and memorial processes to persuasion in a simulated jury trial. Journal of Applied Social Psychology, 4, 62-93.
- Campbell, M. C., & Kirmani, A. 2000. Consumers' use of persuasion knowledge: The effects of accessibility and cognitive capacity on perceptions of an influence agent. Journal of Consumer Research, 27, 69-83.
- Carney, D. R., Cuddy, A. J. C., & Yap, A. J. 2010. Power posing: Brief nonverbal displays affect neuroendocrine levels and risk tolerance. Psychological Science, 21, 1363-1368.
- Cialdini, R. B., & Schroeder, D. A. 1976. Increasing compliance by legitimizing palty contributions: When even a penny helps. Journal of Personality and Social Psychology, 34, 599-604.
- Cimbalo, R. S., Measer, K. M., & Ferriter, K. A. 2003. Effects of directions to remember or to forget on the shor-term recognition memory of simultaneously presented words. Psychological Reports, 92, 735-743.

- Garven, S., Wood, J. M., Malpass, R. S., & Shaw, J. S. III. 1998. More than suggestion: The effect of interviewing techniques from the McMartin preschool case. Journal of Applied Psychology, 83, 347-359.

- Conway, M., & Dube, L. 2002. Humor in persuasion on threatening topics: Effectiveness is a function of audience sex role orientation. Personality and Social Psychology Bulletin, 28, 863-873.

- Donoho, C. L. 2003. The "top-of-the-line" influence on the buyer-seller relationship. Journal of Business Research, 56, 303-309.

- Gneezy, U., & Rustichini, A. 2000. Pay enough or don't pay at all. Journal of Economics, 115, 791-810.

- Gross, E. J. 1964. The effect of question sequence on measures of buying interest. Journal of Advertising Research, 4, 40-41.

- Gueguen, N., & Jacob, C. 2005. Odd versus even prices and consumers' behavior. Psychological Reports, 96, 1121-1122.

- Howard, D. J. 1990. The influence of verbal responses to common greetings on compliance behavior: The foot-in-the-mouth effect. Journal of Applied Social Psychology, 20, 1185-1196.

- Hendriks, M. C. P., Croon, M. A., & Vingerhoets, A. J. J. M. 2008. Social reactions to adult crying: The help soliciting function of tears. Journal of Social Psychology, 148, 22-41.

- Hira, S. N. & Overall, N. C. 2010. Improving intimate relationships: Targeting the partner versus changing the self. Journal of Social Personal Relationships, 28, 610-633.

- Huston, T. L., Caughlin, J. P., Houts, R. M., Smith, S. E., & George, L. J. 2001. The connubial crucible: Newlywed years as predictors of marital delight, distress, and divorce. Journal of Personality and Social Psychology, 80, 237-252.

- Janis, I. L., Kaye, D., & Kirshner, P. 1965. Facilitating effects of "Eating-While-Reading" on responsiveness to persuasive communications. Journal of Personality and Social Psychology, 1, 181-186.

- Jensen, J. D., King, A. J., & Carcioppolo, N. 2013. Driving toward a goal and the goal-gradient hypothesis: The impact of goal proximity on compliance rate, donation size, and fatigue. Journal of Applied Social Psychology, 43, 1881-1895.

- Jones, A. S., & Gelso, C. J. 1988. Differential effects of style of interpretation: Another look. Journal of Counseling Psychology, 35, 363-369.

- Jones, D. A., & Skarlicki, D. P. 2005. The effects of overhearing peers discuss an authority's fairness reputation on reactions to subsequent treatment. Journal of Applied Psychology, 90, 363-372.

- Keller, J., & Bless, H. 2005. When negative expectancies turn into negative performance: The role of ease of retrieval. Journal of Experimental Social Psychology, 41, 535-541.
- Kleinke, C. L., Meeker, F. B., & Staneski, R. A. 1986. Preference for opening lines: Comparing ratings by men and women. Sex Roles, 15, 585-600.
- LaCrosse, M. B. 1975. Nonverbal behavior and perceived counselor attractiveness and persuasiveness. Journal of Counseling Psychology, 22, 563-566.
- Latour, M. S., Snipes, R. L., & Bliss, S. J. 1996. Don't be afraid to use fear appeals: An experimental study. Journal of Advertising Research, March, 59-67.
- Maile, C. A., 1977. The apparent lack of self-esteem and persuasibility relationships. Journal of Psychology, 96, 123-130.
- McFall, R. M., & Lillesand, D. B. 1971. Behavior rehearsal with modeling and coaching in assertive training. Journal of Abnomal Psychology, 77, 313-323.
- Miller, R. L., Bickman, P., & Bolen, D. 1975. Attribution versus persuasion as a means for modifying behaviors. Journal of Personality and Social Psychology, 31, 430-441.
- Muehlenhard, C. L., Koralewski, M. A., Andrews, S. L., & Burdick, C. A. 1986. Verbal and nonverbal cues that convey interest in dating: Two studies. Behavior Therapy, 17, 404-419.
- Paradise, L. V., Cohl, B., & Zwig, J. 1980. Effects of profane language and physical attractiveness on perceptions of counselor behavior. Journal of Counseling Psychology, 27, 620-624.
- Quick, B. L., & Stephenson, M. T. 2007. Further evidence that psychological reactance can be modeled as a combination of anger and negative cognitions. Communication Research, 34, 255-276.
- Reingen, P. H. 1978. On inducing compliance with requests. Journal of Consumer Research, 5, 96-102.
- Reingen, P. H. 1982. Test of a list procedure for inducing compliance with a request to donate money. Journal of Applied Psychology, 67, 110-118.
- Reissman, C., Aron, A., & Bergen, M. R. 1993. Shared activities and marital satisfaction: Casual direction and self-expansion versus boredom. Journal of Social and Personal Relationships, 10, 243-254.
- Schubert, T. W., & Koole, S. L. 2009. The embodied self: Making a fist enhances men's power-related self-conceptions. Journal of Experimental Social Psychology, 45, 828-834.
- Stephens, K. K., & Rains, S. A. 2011. Information and communication technology sequences and message repetition in interpersonal interaction. Communication Research, 38, 101-122.

- Thompson, R., & Harrock, G. 2012. Sometimes stories sell: When are narrative appeals most likely to work? European Journal of Social Psychology, 42, 92-102.
- Thunberg, U. D. M., & Elmehed, K. 2000. Unconscious facial reactions to emotional facial expression. Psychological Science, 11, 86-89.
- Van T' Riet, J., Ruiter, R. A. C., Werrij, M. Q., Candel, M. J. J. M., & de Vries, H. 2010. Distinct pathways to persuasion: The role of affect in message-framing effects. European Journal of Social Psychology, 40, 1261-1276.
- Vrugt, A. 2007. Effects of a smile reciprocation and compliance with a request. Psychological Reports, 101, 1196-1202.
- Wall, J. A. Jr. 1977 Operantly conditioning a negotiator's concession making. Journal of Experimental Social Psychology, 13, 431-440.
- Williams, L. E., & Bargh, J. A. 2008. Experiencing physical warmth promotes interpersonal warmth. Science, 322(5901), 606-7.
- Yalch, R. F., & Yalch, R. E. 1984. The effect of numbers on the route to persuasion. Journal of Consumer Research, 11, 522-527.

일, 사랑, 관계가 술술 풀리는 40가지 심리 기술

말투 하나 바꿨을 뿐인데 (20만 부 기념 스페셜 리커버 에디션)

1판 1쇄 2017년 3월 17일
1판 89쇄 2024년 4월 29일

지은이 나이토 요시히토
옮긴이 김한나
펴낸이 유경민 노종한
기획편집 유노북스 이현정 조혜진 권혜지 정현석 **유노라이프** 권순범 구혜진 **유노책주** 김세민 이지윤
기획마케팅 1팀 우현권 이상운 **2팀** 유현재 김승혜 이선영
디자인 남다희 홍진기 허정수
기획관리 차은영
펴낸곳 유노콘텐츠그룹 주식회사
법인등록번호 110111-8138128
주소 서울시 마포구 월드컵로20길 5, 4층
전화 02-323-7763 **팩스** 02-323-7764 **이메일** info@uknowbooks.com

ISBN 979-11-86665-50-3 (03190)